# 中华人民共和国会计法
## 实用手册

傅绍正　主　编
郭晓梅　副主编

中国财经出版传媒集团
中国财政经济出版社
·北京·

图书在版编目（CIP）数据

中华人民共和国会计法实用手册 / 傅绍正主编；郭晓梅副主编. -- 北京：中国财政经济出版社，2024.12（2025.11重印）. -- ISBN 978-7-5223-3509-4

Ⅰ. D922.26-62

中国国家版本馆CIP数据核字第2024G1D540号

| 责任编辑：郁东敏 | 责任校对：胡永立 |
| 封面设计：陈思意　艺　珈 | 责任印制：党　辉 |
| 版式设计：曹舒尔　刘宝琦 | |

中华人民共和国会计法实用手册
ZHONGHUARENMINGONGHEGUO KUAIJIFA SHIYONG SHOUCE

中国财政经济出版社 出版

URL：http：//www.cfeph.cn

E-mail：cfeph@cfemg.cn

（版权所有　翻印必究）

社址：北京市海淀区阜成路甲28号　邮政编码：100142

营销中心电话：010-88191522

天猫网店：中国财政经济出版社旗舰店

网址：https：//zgczjjcbs.tmall.com

涿州汇美亿浓印刷有限公司印刷　各地新华书店经销

成品尺寸：170mm×240mm　16开　18.25印张　233 000字

2024年12月第1版　2025年11月河北第2次印刷

定价：58.00元

ISBN 978-7-5223-3509-4

（图书出现印装问题，本社负责调换，电话：010-88190548）

本社图书质量投诉电话：010-88190744

打击盗版举报热线：010-88191661　QQ：2242791300

# 目录

## 第一部分

**新会计法条文释义 / 001**

### 第一章 总 则 ......................................................... 003

第一条 【立法目的】 ............................................... 003
第二条 【指导方针与适用对象】 ............................... 004
第三条 【设置账簿】 ............................................... 007
第四条 【单位负责人的责任】 ................................... 009
第五条 【会计机构、会计人员的职责与法律保护】 ........ 010
第六条 【奖励】 ..................................................... 012
第七条 【会计工作管理体制】 ................................... 013
第八条 【会计制度制定权限与会计信息化】 ................. 014

### 第二章 会计核算 ..................................................... 018

第九条 【会计核算的真实性要求】 ............................. 018
第十条 【会计核算的对象】 ...................................... 019
第十一条 【会计年度】 ............................................ 021
第十二条 【记账本位币】 ......................................... 022
第十三条 【会计资料】 ............................................ 023
第十四条 【会计凭证】 ............................................ 024
第十五条 【会计账簿】 ............................................ 026

| 第十六条 | 【会计核算的完整性要求】…………………………… | 027 |
| 第十七条 | 【定期对账】…………………………………………… | 028 |
| 第十八条 | 【会计处理方法】……………………………………… | 030 |
| 第十九条 | 【或有事项】…………………………………………… | 031 |
| 第二十条 | 【财务会计报告编制】………………………………… | 032 |
| 第二十一条 | 【财务会计报告签章及责任人】…………………… | 034 |
| 第二十二条 | 【会计记录文字】…………………………………… | 035 |
| 第二十三条 | 【会计档案保管】…………………………………… | 036 |
| 第二十四条 | 【会计核算的禁止行为】…………………………… | 038 |

## 第三章　会计监督…………………………………………… 041

| 第二十五条 | 【内部会计监督制度】……………………………… | 041 |
| 第二十六条 | 【对会计机构、会计人员依法履职的法律保护】… | 044 |
| 第二十七条 | 【账实不符的处理方式】…………………………… | 045 |
| 第二十八条 | 【会计违法行为的检举】…………………………… | 046 |
| 第二十九条 | 【独立审计监督】…………………………………… | 048 |
| 第三十条 | 【行政执法监督】……………………………………… | 049 |
| 第三十一条 | 【依责监督与监督协作】…………………………… | 050 |
| 第三十二条 | 【保密义务】………………………………………… | 052 |
| 第三十三条 | 【依法接受检查】…………………………………… | 055 |

## 第四章　会计机构和会计人员……………………………… 057

| 第三十四条 | 【组织会计工作的方式】…………………………… | 057 |
| 第三十五条 | 【稽核制度】………………………………………… | 060 |
| 第三十六条 | 【会计人员的资格要求】…………………………… | 061 |
| 第三十七条 | 【会计人员的职业素养】…………………………… | 063 |
| 第三十八条 | 【终身禁业】………………………………………… | 065 |
| 第三十九条 | 【工作交接】………………………………………… | 066 |

## 第五章　法律责任 ·············································· 068

第四十条　【一般会计违法行为的法律责任】················· 068
第四十一条　【财务造假的法律责任】······················· 072
第四十二条　【授意、指使、强令财务造假的法律责任】······· 075
第四十三条　【打击报复的法律责任】······················· 077
第四十四条　【执法人员违法的法律责任】··················· 079
第四十五条　【泄露检举信息的法律责任】··················· 080
第四十六条　【与行政处罚法的衔接】······················· 081
第四十七条　【信用记录与法条竞合】······················· 083

## 第六章　附　则 ················································ 085

第四十八条　【用语含义】······························· 085
第四十九条　【军队会计】······························· 086
第五十条　　【个体工商户】····························· 087
第五十一条　【施行时间】······························· 087

## 第二部分

## 新会计法百问百答 / 089

### 关于修法背景 ················································· 091

【问题001】2024年会计法修改是修订还是修正？················ 091
【问题002】2024年会计法修正的思路和原则中提及"着力解决会计工作中的突出问题"，其中的突出问题具体指什么？····· 092
【问题003】会计违法行为是否可能触犯刑法？·················· 093

### 关于"第一章　总则" ·········································· 094

【问题004】会计法的立法目的是什么？······················· 094
【问题005】会计资料指什么？······························· 094

【问题006】 为何在第二条中增加"会计工作应当贯彻落实党和国家路线方针政策、决策部署,维护社会公共利益,为国民经济和社会发展服务"? ········· 094

【问题007】 会计法的适用对象有哪些? ················· 095

【问题008】 公司和企业有什么区别和联系? ············· 095

【问题009】 外商在华全资子公司是否适用会计法? ········· 095

【问题010】 工会组织是否适用会计法? ················· 095

【问题011】 教堂等宗教活动场所是否适用会计法? ········· 096

【问题012】 街道办事处是否适用会计法? ··············· 096

【问题013】 会计师事务所是否适用会计法? ············· 096

【问题014】 农村集体经济组织是否适用会计法? ··········· 096

【问题015】 是否可以用明细账代替日记账? ············· 097

【问题016】 "两套账"和"阴阳财务报表"是否有区别? ········ 097

【问题017】 经理可以是单位负责人吗? ················· 097

【问题018】 在合伙企业中谁是单位负责人? ············· 098

【问题019】 为何要求单位负责人对本单位的会计工作和会计资料的真实性、完整性负责? ··················· 098

【问题020】 对会计人员进行打击报复,是否构成刑事犯罪? ··· 098

【问题021】 如果会计人员在依法履行职责、抵制违反会计法规定行为的过程中遭受打击报复,应该怎么办? ········ 099

【问题022】 全国先进会计工作者评选范围和条件是什么? ····· 099

【问题023】 会计工作管理体制指什么? ················· 100

【问题024】 县级人民政府财政部门是否有权管理央企设在该县的子公司? ································ 100

【问题025】 为何新增国家加强会计信息化建设? ··········· 101

【问题026】 国家统一的会计制度有哪些? ··············· 101

【问题027】 财政部门如何监督单位的会计信息化工作? ····· 102

## 关于"第二章 会计核算" ···························· 103

【问题028】 通过购买的虚假发票进行会计核算是否违反真实性要求? ···································· 103

# 目 录

【问题029】 为何修改会计核算事项为会计要素？ ……………… 103

【问题030】 会计要素有哪些？ ……………………… 104

【问题031】 是否可以跨期确认收入？ ……………………… 104

【问题032】 如何避免上市公司财务报告信息披露"扎堆"？ …… 104

【问题033】 折算外币报表时，汇率如何确定？ ……………… 104

【问题034】 使用电子计算机进行会计核算的，其软件及其生成的会计凭证、会计账簿、财务会计报告和其他会计资料，也必须符合国家统一的会计制度的规定。这里的"国家统一的会计制度"具体指什么？ …………… 105

【问题035】 会计账套和会计账簿是否有区别？ ……………… 105

【问题036】 填制或者取得原始凭证的基本要求是什么？ ……… 106

【问题037】 各单位处理和应用电子原始凭证应当满足哪些要求？ … 107

【问题038】 各单位填制的记账凭证需要有哪些内容？ ………… 107

【问题039】 会计机构、会计人员在保管会计凭证方面需要满足哪些要求？ ……………………… 107

【问题040】 哪些账簿属于其他辅助性账簿？ ………………… 108

【问题041】 会计账簿在格式和内容等方面需要满足哪些要求？ … 108

【问题042】 什么是"两套账""多套账"？ …………………… 109

【问题043】 如何有效解决"两套账""多套账"问题？ ………… 109

【问题044】 各单位进行对账工作时需要满足哪些要求？ ……… 109

【问题045】 企业进行会计政策变更时，需要披露哪些内容？ …… 110

【问题046】 企业进行会计估计变更时，需要披露哪些内容？ …… 110

【问题047】 发现单位存在前期差错，应该如何处理？ ………… 110

【问题048】 企业进行前期差错更正时，需要披露哪些内容？ …… 111

【问题049】 企业会计准则对或有事项的确认和计量有哪些要求？ … 111

【问题050】 企业会计准则对或有事项的披露有哪些要求？ …… 112

【问题051】 为何删减财务会计报告组成内容？ ……………… 112

【问题052】 总会计师的设置要求有哪些？ …………………… 114

【问题053】 设置总会计师的单位，财务会计报告应当由谁签名并盖章？ ……………………… 114

【问题054】 为何要求单位负责人和主管会计工作的负责人、会计机构负责人（会计主管人员）同时在财务会计报告中签名并盖章？ ………… 115

【问题055】 会计档案保管为何增加安全保护要求？ ………… 115

【问题056】 会计档案保管要求是什么？ ………… 115

【问题057】 会计档案保管方式有哪些？ ………… 116

【问题058】 形成电子会计档案需要满足哪些要求？ ………… 116

【问题059】 销毁会计档案在程序上需要满足哪些要求？ ………… 117

【问题060】 企业和其他组织会计档案保管期限要求是什么？ …… 117

【问题061】 财政总预算和行政单位等会计档案保管要求是什么？ …… 119

## 关于"第三章　会计监督" ………… 121

【问题062】 为何要求将内部会计监督制度纳入内部控制制度？ …… 121

【问题063】 为何在内部会计监督制度设计要求中增加兜底性条款？ ………… 121

【问题064】 内部会计监督制度具体包括什么？ ………… 122

【问题065】 会计机构、会计人员应当如何对财务收支进行监督？ …… 122

【问题066】 会计机构、会计人员对本单位的经济业务事项进行会计监督的依据有哪些？ ………… 123

【问题067】 对账实不符的处理有何具体要求？ ………… 123

【问题068】 财政部门应该如何处理会计违法行为检举事项？ …… 123

【问题069】 财政部门对会计违法行为的检举会作出怎样的答复？ …… 125

【问题070】 检举会计违法行为是否可以获得经济上的奖励？ …… 125

【问题071】 财政部门是否有权监督会计师事务所？ ………… 125

【问题072】 我国的行政强制措施有哪些？ ………… 126

【问题073】 财政部门在会计行政执法过程中可以采取行政强制措施吗？ ………… 126

【问题074】 "三位一体"会计监督体系指什么？ ………… 127

【问题075】 为何新增加强监督检查协作要求？ ………… 127

【问题076】 规范保密义务表述的依据是什么？ ………… 128

| 【问题077】 | 哪些行为会被认定为侵犯商业秘密？……………… | 128 |
| 【问题078】 | 财政部门从会计师事务所等单位借调的人员在参与行政执法监督过程中泄露工作秘密，是否适用会计法？…… | 129 |
| 【问题079】 | 拒不交出会计资料与隐匿会计资料有区别吗？……… | 129 |
| 【问题080】 | 拒不交出会计资料是否触犯刑法？………………… | 129 |
| 【问题081】 | 如果被检查单位拒不交出会计资料，行政执法人员应该怎么办？…………………………………………… | 130 |
| 【问题082】 | 为何在会计工作的组织方式中新增兜底性规定？…… | 130 |
| 【问题083】 | 会计师事务所从事代理记账业务是否需要审批？…… | 131 |
| 【问题084】 | 申请代理记账资格的机构应当具备哪些条件？…… | 131 |
| 【问题085】 | 代理记账机构可以接受委托办理哪些业务？……… | 131 |
| 【问题086】 | 代理记账机构违反《代理记账管理办法》相关规定，需要承担哪些法律责任？……………………………… | 132 |
| 【问题087】 | 代理记账机构及其负责人、主管代理记账业务负责人及其从业人员违反规定出具虚假申请材料或者备案材料的，需要承担哪些法律责任？……………………… | 133 |
| 【问题088】 | 代理记账机构从业人员在办理业务中违反会计法律、法规和国家统一的会计制度的规定，需要承担哪些法律责任？…………………………………………………… | 134 |
| 【问题089】 | 会计机构内部稽核工作的主要内容有哪些？……… | 134 |

## 关于"第四章　会计机构和会计人员"……………… 135

| 【问题090】 | 会计人员从事会计工作，应当符合哪些要求？……… | 135 |
| 【问题091】 | 如何判断会计人员是否具备从事会计工作所需要的专业能力？…………………………………………… | 135 |
| 【问题092】 | 会计人员需要遵守的国家有关保密规定有哪些？…… | 136 |
| 【问题093】 | 为何新增会计人员保密要求？……………………… | 136 |
| 【问题094】 | 会计人员职业道德规范具体包括哪些内容？……… | 136 |
| 【问题095】 | 会计人员在什么情况下不得再从事会计工作？…… | 137 |

【问题096】 会计人员在什么情况下需要与接管人员办清交接手
续？ ……………………………………………………………… 137

【问题097】 没有办清交接手续时，会计人员是否可以调动或者
离职？ …………………………………………………………… 138

【问题098】 会计人员办理移交手续前，需要做好哪些准备工作？ …… 138

## 关于"第五章　法律责任" ……………………………………… 139

【问题099】 新会计法为何加大法律责任追究力度？ ……………… 139

【问题100】 新会计法加大法律责任追究力度的具体体现是什么？ …… 141

【问题101】 构成犯罪的条件有哪些？ ……………………………… 143

【问题102】 什么情况下可以从轻、减轻行政处罚？ ……………… 144

【问题103】 什么情况下可以不予行政处罚？ ……………………… 144

【问题104】 会计违法行为同时违反其他法律规定的，有关部门应
当如何处理？ …………………………………………………… 145

【问题105】 法人、法人代表、法定代表人的区别是什么？ ……… 145

## 关于"第六章　附则" ……………………………………………… 147

【问题106】 个体工商户是否适用会计法？ ………………………… 147

【问题107】 新会计法的施行时间是何时？ ………………………… 147

第三部分

# 行政处罚典型案例 / 149

## 第一章　一般会计违法行为 …………………………………… 151

一、不依法设置会计账簿 ………………………………………… 151

【案例1-1-1】 未依法设置总账、明细账 ……………………… 151

【案例1-1-2】 未设置总账、明细账等会计账簿 ……………… 151

【案例1-1-3】 未依法设置会计账簿，未编制会计凭证 …… 152

## 二、私设会计账簿 ......152
### 【案例1-2-1】 以个人名义开立账户存储公司资金 ......152
### 【案例1-2-2】 收入未记入公司账 ......153
### 【案例1-2-3】 收支未纳入学校基本账户，私设账外账核算 ......153
### 【案例1-2-4】 以村干部个人银行账户进行会计核算 ......154

## 三、未按照规定填制、取得原始凭证或者填制、取得的原始凭证不符合规定 ......154
### 【案例1-3-1】 缺少原始单据 ......154
### 【案例1-3-2】 记账凭证不规范 ......155
### 【案例1-3-3】 填制、取得的原始凭证不符合规定 ......155
### 【案例1-3-4】 取得的原始凭证不符合规定 ......156

## 四、以未经审核的会计凭证为依据登记会计账簿或登记会计账簿不符合规定 ......157
### 【案例1-4-1】 账实不符 ......157
### 【案例1-4-2】 以未经审核的会计凭证登记会计账簿 ......157

## 五、随意变更会计处理方法 ......158
### 【案例1-5-1】 固定资产累计折旧处理不规范 ......158
### 【案例1-5-2】 收入成本跨期确认 ......158

## 六、向不同的会计资料使用者提供的财务会计报告编制依据不一致 ......159
### 【案例1-6-1】 向不同的会计资料使用者提供编制依据不一致的财务会计报告 ......159
### 【案例1-6-2】 向检查组提供的财务会计报告与审计报告中的不同 ......159

## 七、未按照规定使用会计记录文字或者记账本位币 ......160
### 【案例1-7-1】 会计科目以英文列示 ......160
### 【案例1-7-2】 仅提供罗马尼亚文字报表 ......160

## 八、未按照规定保管会计资料，致使会计资料毁损、灭失 ......161
### 【案例1-8-1】 丢失明细账目资料 ......161

【案例1-8-2】 会计资料灭失 …………………………… 162
【案例1-8-3】 会计凭证丢失 …………………………… 162

九、未按照规定建立并实施单位内部会计监督制度或者拒绝依法
　　实施的监督或者不如实提供有关会计资料及有关情况 ……… 163
【案例1-9-1】 内部控制手续不齐全 …………………… 163
【案例1-9-2】 未按规定配合提供相关会计资料 ……… 163
【案例1-9-3】 未如实提供总账、明细账 ……………… 164
【案例1-9-4】 不如实提供有关会计资料 ……………… 164

十、任用会计人员不符合本法规定 …………………………… 165
【案例1-10-1】 会计、出纳由1人兼任 ………………… 165
【案例1-10-2】 会计人员未取得专业技术职务资格 …… 166
【案例1-10-3】 任用会计人员有与会计职务有关的犯罪行为 …… 166

## 第二章　财务造假违法行为 ……………………………… 167

一、伪造、变造会计凭证、会计账簿，编制虚假财务会计报告 …… 167
【案例2-1-1】 伪造财务原始单据 ……………………… 167
【案例2-1-2】 变造财务原始票据 ……………………… 168
【案例2-1-3】 虚列成本、费用 ………………………… 168
【案例2-1-4】 存在虚假的经济业务事项 ……………… 169
【案例2-1-5】 伪造验工计价原始凭证虚增收入和成本 … 169
【案例2-1-6】 投资损失处理无凭无据 ………………… 170
【案例2-1-7】 虚列会议费 ……………………………… 171
【案例2-1-8】 篡改记账凭证 …………………………… 171

二、隐匿或者故意销毁依法应当保存的会计资料 ……………… 172
【案例2-2-1】 隐匿、故意销毁会计凭证、会计账簿 …… 172
【案例2-2-2】 隐匿、故意销毁依法应当保存的会计资料 …… 172
【案例2-2-3】 隐匿依法应当保存的会计资料 ………… 173

### 第三章　授意、指使、强令财务造假 ·············· 174

【案例3-1】　母公司指使子公司财务造假 ·············· 174

【案例3-2】　授意、指使财务造假 ·············· 175

## 第四部分
## 当事人的维权方式 / 177

## 第五部分
## 执法人员应知应会 / 181

### 第一章　行政处罚的种类和设定 ·············· 183

一、行政处罚的种类 ·············· 183

二、行政处罚的设定 ·············· 185

### 第二章　行政处罚的管辖和适用 ·············· 188

一、行政处罚的管辖 ·············· 188

二、行政处罚的适用 ·············· 191

### 第三章　行政处罚的决定 ·············· 197

一、一般规定 ·············· 197

二、普通程序 ·············· 200

三、听证程序 ·············· 202

### 第四章　行政处罚的执行 ·············· 204

## 第六部分

**附录 / 207**

### 附录一 ............................................ 209
全国人民代表大会常务委员会关于修改《中华人民共和国会计法》的决定 ............... 209

### 附录二 ............................................ 214
中华人民共和国会计法 ............................................ 214

### 附录三 ............................................ 225
《财政部门实施会计监督办法》（财政部令第10号）............... 225

### 附录四　主要法律法规节选 ............... 239
《会计基础工作规范（征求意见稿）》节选 ............... 239
《中华人民共和国刑法》（2023年修正）节选 ............... 253
《中华人民共和国公司法》（2023年修订）节选 ............... 257
《中华人民共和国证券法》（2019年修订）节选 ............... 258
《中华人民共和国注册会计师法》（2014年修正）节选 ............... 260
《中华人民共和国公职人员政务处分法》（2020年）节选 ............... 261
《财政行政处罚听证实施办法》（财政部令第109号）节选 ............... 262
《中华人民共和国行政复议法》（2023年修订）节选 ............... 264
《中华人民共和国行政诉讼法》（2017年修正）节选 ............... 266
《全国先进会计工作者评选表彰办法》（财会〔2007〕7号）节选 ............... 267
《会计档案管理办法》（2015年修订）节选 ............... 269
《总会计师条例》（2011年修订）节选 ............... 272
《会计信息化工作规范》（财会〔2024〕11号）节选 ............... 273

**后记 / 275**

第一部分

# 新会计法条文释义

# 第一章

# 总　则

## 第一条 【立法目的】

为了规范会计行为，保证会计资料真实、完整，加强经济管理和财务管理，提高经济效益，维护社会主义市场经济秩序，制定本法。

✦ 本条来源 ✦

原法第一条。

✦ 立法演变 ✦

无变化。

✦ 条文释义 ✦

一、规范意旨

本条规范会计法的立法目的。明确会计法是规范会计工作的基础性法律，是各单位办理会计事务必须遵循的行为规范，由国家权力机关制定，以国家强制力保障其实施。

二、立法目的

一是规范会计行为。会计法所调整的主要对象是会计行为，有了会计法，会计行为就有了基本的规范和依据。

二是保证会计资料真实、完整。会计资料是会计行为的基础,会计资料的真实、完整是会计行为能够发挥作用的前提。财务造假主要表现形式就是会计资料不真实、不完整。

三是加强经济管理和财务管理。监督与管理是会计行为的重要职能,会计行为服务的直接领域是经济管理和财务管理,规范会计行为,加强会计监督直接受益的就是经济管理和财务管理。

四是提高经济效益。会计行为的规范、会计监督的加强是提高经济效益的基础性工作。会计法是经济法的重要组成部分,其目标自然也包括经济效益的提高。

五是维护社会主义市场经济秩序。根据《中华人民共和国宪法》(2018年修正)第十五条的相关规定,国家实行社会主义市场经济。与经济发展相关的法律都应当具备维护社会主义市场经济的功能与作用。

### 三、会计行为

会计行为是指以会计核算和会计监督为主要内容的会计管理活动。

### 四、会计资料

会计资料是指记录和反映单位实际发生的经济业务活动的专业性资料,包括会计凭证、会计账簿、财务会计报告和其他会计资料。其他会计资料包括银行存款余额调节表、银行对账单、纳税申报表、会计档案销毁清册等。

## 第二条 【指导方针与适用对象】

会计工作应当贯彻落实党和国家路线方针政策、决策部署,维护社会公共利益，为国民经济和社会发展服务。

国家机关、社会团体、公司、企业、事业单位和其他组织（以下统称单位）必须依照本法办理会计事务。

──◆ 本条来源 ◆──

原法第二条。

──◆ 立法演变 ◆──

新增指导方针。

| 修改前 | 修改后 |
| --- | --- |
| 第二条　国家机关、社会团体、公司、企业、事业单位和其他组织（以下统称单位）必须依照本法办理会计事务。 | 第二条　会计工作应当贯彻落实党和国家路线方针政策、决策部署，维护社会公共利益，为国民经济和社会发展服务。<br>国家机关、社会团体、公司、企业、事业单位和其他组织（以下统称单位）必须依照本法办理会计事务。 |

──◆ 条文释义 ◆──

## 一、规范意旨

本条规范会计工作的指导方针与会计法的适用对象。在第二条中增加"会计工作应当贯彻落实党和国家路线方针政策、决策部署，维护社会公共利益，为国民经济和社会发展服务"，进一步明确了会计工作应遵循的基本原则、应发挥的基础作用。会计法的适用对象包括国家机关、社会团体、公司、企业、事业单位和其他组织六类会计主体。

## 二、适用对象

### （一）国家机关

国家机关是指根据宪法和法律的规定，行使国家权力、执行国家职能的组织机构，包括中央和地方各级组织。

新会计法系列
解读之一

### （二）社会团体

根据《社会团体登记管理条例》（2016年修订）第二条的相关规定，社会团体是指中国公民自愿组成，为实现会员共同意愿，按照其章程开展活动的非营利性社会组织。

### （三）公司

根据《中华人民共和国公司法》（2023年修订）第二条的相关规定，公司是指依照公司法在中国境内设立的有限责任公司和股份有限公司。其中，有限责任公司的股东以其认缴的出资额为限对公司承担责任；股份有限公司的股东以其认购的股份为限对公司承担责任。

### （四）企业

根据《中华人民共和国企业所得税法》（2018年修正）第二条的相关规定，企业分为居民企业和非居民企业。居民企业是指依法在中国境内成立，或者依照外国（地区）法律成立但实际管理机构在中国境内的企业。非居民企业是指依照外国（地区）法律成立且实际管理机构不在中国境内，但在中国境内设立机构、场所的，或者在中国境内未设立机构、场所，但有来源于中国境内所得的企业。

## （五）事业单位

根据《事业单位登记管理暂行条例（2004年修订）》第二条的相关规定，事业单位是指国家为了社会公益目的，由国家机关举办或者其他组织利用国有资产举办的，从事教育、科技、文化、卫生等活动的社会服务组织。

## （六）其他组织

其他组织是指除国家机关、社会团体、公司、企业、事业单位以外的法人或非法人组织。其他组织包括基金会、社会服务机构、农村集体经济组织、城镇农村的合作经济组织、基层群众性自治组织等。

## 三、修改依据

新会计法在第二条中增加"会计工作应当贯彻落实党和国家路线方针政策、决策部署，维护社会公共利益，为国民经济和社会发展服务"，进一步明确了会计工作应遵循的基本原则、应发挥的基础作用，这既是对党领导会计事业具体实践的历史性总结，也为我国未来持续推进会计改革与发展明确了根本方向。

视频讲解

## 第三条 【设置账簿】

各单位必须依法设置会计账簿，并保证其真实、完整。

◆ 本条来源 ◆

原法第三条。

――― ◆立法演变◆ ―――

无变化。

――― ◆条文释义◆ ―――

### 一、规范意旨

本条规范会计账簿的设置义务及基本要求。其中,新会计法第十三条和第十五条对如何"依法"设置会计账簿提出了要求,新会计法第九条和第十六条分别对会计账簿的"真实""完整"提出了要求。

### 二、会计账簿

会计账簿是由一定格式、相互联系的账页组成,以会计凭证为依据,用以序时、分类、全面、系统地记录、反映和监督一个单位经济业务活动情况的会计簿籍。

### 三、依法设置会计账簿

根据新会计法第十三条的相关规定,会计凭证、会计账簿、财务会计报告和其他会计资料,必须符合国家统一的会计制度的规定。使用电子计算机进行会计核算的,其软件及其生成的会计凭证、会计账簿、财务会计报告和其他会计资料,也必须符合国家统一的会计制度的规定。任何单位和个人不得伪造、变造会计凭证、会计账簿及其他会计资料,不得提供虚假的财务会计报告。

根据新会计法第十五条的相关规定,会计账簿登记,必须以经过审核的会计凭证为依据,并符合有关法律、行政法规和国家统一的会计制度的规定。会计账簿包括总账、明细账、日记账和其他辅助性账簿。会计账簿应当按照连续编号的页码顺序登记。会计账簿记录发生错误或者隔页、缺号、跳行的,应当按照国家统一的会计制度规定的方法更正，并由会计人员和会计机构负责人（会计主管人员）在更正处盖章。使用电子计算机进行会计核算的，其会计账簿的登记、更正，应当符合国家统一的会计制度的规定。

### 四、会计账簿的真实性

根据新会计法第九条的相关规定，各单位必须根据实际发生的经济业务事项进行会计核算，填制会计凭证，登记会计账簿，编制财务会计报告。任何单位不得以虚假的经济业务事项或者资料进行会计核算。

### 五、会计账簿的完整性

根据新会计法第十六条的相关规定，各单位发生的各项经济业务事项应当在依法设置的会计账簿上统一登记、核算，不得违反本法和国家统一的会计制度的规定私设会计账簿登记、核算。

## 第四条 【单位负责人的责任】

单位负责人对本单位的会计工作和会计资料的真实性、完整性负责。

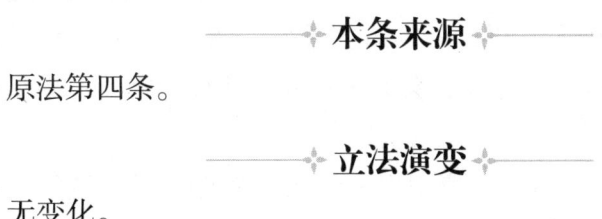

原法第四条。

无变化。

### 条文释义

**一、规范意旨**

本条规范单位负责人对会计工作和会计资料的相关责任,明确单位负责人是会计工作和会计资料的真实性、完整性的第一责任人,体现了权责匹配原则。

**二、单位负责人**

根据新会计法第四十八条的相关规定,单位负责人是指单位法定代表人或者法律、行政法规规定代表单位行使职权的主要负责人。根据《中华人民共和国民法典》(2020年)第六十一条的相关规定,依照法律或者法人章程的规定,代表法人从事民事活动的负责人,为法人的法定代表人。法定代表人以法人名义从事的民事活动,其法律后果由法人承受。法人章程或者法人权力机构对法定代表人代表权的限制,不得对抗善意相对人。

## 第五条 【会计机构、会计人员的职责与法律保护】

会计机构、会计人员依照本法规定进行会计核算,实行会计监督。

任何单位或者个人不得以任何方式授意、指使、强令会计机构、会计人员伪造、变造会计凭证、会计账簿和其他会计资料,提供虚假财务会计报告。

任何单位或者个人不得对依法履行职责、抵制违反本法规定行为的会计人员实行打击报复。

原法第五条。

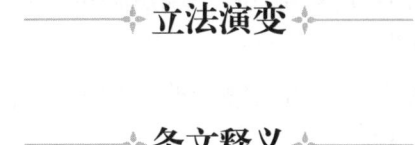

## 立法演变

无变化。

## 条文释义

### 一、规范意旨

本条规范会计机构、会计人员的职责,以及对会计机构、会计人员依法履行职责、抵制违法行为的法律保护,明确任何单位或者个人不得授意、指使、强令会计机构、会计人员进行财务造假,也不得对会计人员实行打击报复。

### 二、会计的两大职能

会计的两大职能分别是会计核算职能和会计监督职能。

会计核算职能是指会计以货币为主要计量单位,通过确认、计量、记录和报告等环节,对特定主体的经济活动进行记账、算账和报账,为相关会计信息使用者提供决策所需的会计信息。

会计监督职能是指会计人员在进行会计核算的同时,对特定主体经济业务的真实性、合法性和合理性进行审查的功能。

### 三、伪造、变造会计凭证、会计账簿

根据中国人大网的法律释义与问答:

(1) 伪造会计凭证,是指以虚假的经济业务或者资金往来为前提,编造虚假的会计凭证的行为。

(2) 变造会计凭证,是指采取涂改、挖补以及其他方法改变会计凭证真实内容的行为。

(3) 伪造会计账簿,是指违反会计法和国家统一的会计制度的规定,根据伪造或者变造的虚假会计凭证填制会计账簿,或者不按要求

登记账簿,或者对内对外采用不同的确认标准、计量方法等手段编造虚假的会计账簿的行为。

(4) 变造会计账簿,是指采取涂改、挖补或者其他手段改变会计账簿的真实内容的行为。

### 四、提供虚假财务会计报告

提供虚假财务会计报告的前提是编造虚假财务会计报告。根据中国人大网的法律释义与问答,编制虚假财务会计报告,是指违反会计法和国家统一的会计制度的规定,根据虚假的会计账簿记录编制财务会计报告,或者凭空捏造虚假的财务会计报告以及对财务会计报告擅自进行没有依据的修改的行为。

## 第六条 【奖励】

对认真执行本法,忠于职守,坚持原则,作出显著成绩的会计人员,给予精神的或者物质的奖励。

——◆ 本条来源 ◆——

原法第六条。

——◆ 立法演变 ◆——

无变化。

——◆ 条文释义 ◆——

### 一、规范意旨

本条规范对会计人员的奖励,明确对认真执行会计法,忠于职守,坚持原则,作出显著成绩的会计人员,给予精神的或者物质的奖励。法不单纯有惩罚、处罚、处理、教育的功能,也应该有奖励、鼓励、激励功能,本条体现了会计法的奖励、鼓励、激励功能。法的奖励功能自古有之,后因法的异化而逐步削弱,致使法学在创设法律对社会的调整机制时,更多地着眼于通过法律为公民设定义务并以国家强制力保障履行这一方式,将公民的行为纳入规范的轨道,从而建立和维护法律秩序,实现法律的目的(傅红伟,2003)。

### 二、精神奖励与物质奖励

为了评选表彰在社会主义市场经济建设中作出突出业绩和重大贡献的先进会计工作者,树立当代会计工作者楷模,塑造会计行业良好形象,激励广大会计工作者崇尚诚信、依法理财、锐意创新、敬业奉献,根据《中华人民共和国会计法》及相关法律的规定,财政部制定了《全国先进会计工作者评选表彰办法》(财会〔2007〕7号)。财政部负责组织全国先进会计工作者的评选表彰工作,一般每3年组织1次。2007—2024年,全国会计先进工作者已经评选六届,每届约100人入选,累计已经评选出全国会计先进工作者约600人。

## 第七条 【会计工作管理体制】

国务院财政部门主管全国的会计工作。

县级以上地方各级人民政府财政部门管理本行政区域内的会计工作。

——✦ **本条来源** ✦——

原法第七条。

——✦ **立法演变** ✦——

无变化。

## 条文释义

### 一、规范意旨

本条规范会计工作的管理体制，明确国家管理会计工作的组织形式和基本制度。

### 二、会计工作管理体制

会计工作管理体制是指国家管理会计工作的组织形式和基本制度，包括管理机构的设置、职责范围的确定和管理职权的划分，是国家会计法律、法规、规章、制度和方针、政策得以贯彻落实的组织保障和制度保障。

我国会计工作的归口管理部门是国务院财政部门，财政部既是全国会计工作的管理机构（具体由会计司负责），同时也负责对全国会计工作进行监督检查（具体由监督评价局负责）。县级以上地方各级人民政府财政部门按照属地管辖原则，管理本行政区域内的会计工作。

## 第八条 【会计制度制定权限与会计信息化】

国家实行统一的会计制度。国家统一的会计制度由国务院财政部门根据本法制定并公布。

国务院有关部门可以依照本法和国家统一的会计制度制定对会计核算和会计监督有特殊要求的行业实施国家统一的会计制度的具体办法或者补充规定，报国务院财政部门审核批准。

国家加强会计信息化建设，鼓励依法采用现代信息技术开展会计工作，具体办法由国务院财政部门会同有关部门制定。

## 本条来源

原法第八条。

## 立法演变

将原会计法第八条第三款调整至新会计法第四十九条,新增会计信息化。

| 修改前 | 修改后 |
| --- | --- |
| **第八条** 国家实行统一的会计制度。国家统一的会计制度由国务院财政部门根据本法制定并公布。<br><br>国务院有关部门可以依照本法和国家统一的会计制度制定对会计核算和会计监督有特殊要求的行业实施国家统一的会计制度的具体办法或者补充规定,报国务院财政部门审核批准。<br><br>~~中国人民解放军总后勤部可以依照本法和国家统一的会计制度制定军队实施国家统一的会计制度的具体办法,报国务院财政部门备案。~~ | **第八条** 国家实行统一的会计制度。国家统一的会计制度由国务院财政部门根据本法制定并公布。<br><br>国务院有关部门可以依照本法和国家统一的会计制度制定对会计核算和会计监督有特殊要求的行业实施国家统一的会计制度的具体办法或者补充规定,报国务院财政部门审核批准。<br><br>**国家加强会计信息化建设,鼓励依法采用现代信息技术开展会计工作,具体办法由国务院财政部门会同有关部门制定。** |

## ✦ 条文释义 ✦

### 一、规范意旨

本条规范国家统一的会计制度的制定权限，明确国家统一的会计制度的制定权限在国务院财政部门，对会计核算和会计监督有特殊要求的行业实施国家统一的会计制度的具体办法或者补充规定可由国务院有关部门依照会计法和国家统一的会计制度制定，但是需要报国务院财政部门审核批准。

本条还鼓励加强会计信息化建设，明确会计信息化工作的具体办法由国务院财政部门会同有关部门制定。

新会计法系列
解读之二

新会计法系列
解读之三

### 二、国家统一的会计制度

根据《企业基础工作规范（征求意见稿）》[①]第九十五条的相关规定，国家统一的会计制度是指国务院财政部门根据《中华人民共和国会计法》制定的关于会计核算、会计监督、会计机构和会计人员以及会计工作管理的制度。

### 三、会计信息化

根据《会计信息化工作规范》（财会〔2024〕11号）第三条的相关规定，会计信息化是指单位利用现代信息技术手段和数字基础设施开展会计核算，以及利用现代信息技术手段和数字基础设施将会计核算与其他经营管理活动有机结合的过程。

---

① 本书编写时以征求意见稿为依据，具体规定请以正式公布稿为准。下同。

### 四、修改依据

新增国家加强会计信息化建设,是贯彻落实《国务院办公厅关于进一步规范财务审计秩序促进注册会计师行业健康发展的意见》(国办发〔2021〕30号)关于"推动加快修订会计法,进一步明确会计核算、内部控制、信息化建设等要求"的具体举措。

视频讲解

# 第二章

# 会计核算

## 第九条 【会计核算的真实性要求】

各单位必须根据实际发生的经济业务事项进行会计核算,填制会计凭证,登记会计账簿,编制财务会计报告。

任何单位不得以虚假的经济业务事项或者资料进行会计核算。

### ◆ 本条来源 ◆

原法第九条。

### ◆ 立法演变 ◆

无变化。

### ◆ 条文释义 ◆

**一、规范意旨**

本条规范会计核算的真实性,明确会计核算必须以实际发生的经济业务事项为依据,不得以虚假的经济业务事项或者资料为依据。

**二、虚假的经济业务事项或者资料**

任何单位不得以虚假的经济业务事项或者资料进行会计核算。这里的"虚假",既包括客观上没有发生的经济业务事项,也包括客观上已经发生的经济业务事项,但在金额等方面与实际情况有差异的会计资料。

## 第十条 【会计核算的对象】

各单位应当对下列经济业务事项办理会计手续，进行会计核算：
（一）资产的增减和使用；
（二）负债的增减；
（三）净资产（所有者权益）的增减；
（四）收入、支出、费用、成本的增减；
（五）财务成果的计算和处理；
（六）需要办理会计手续、进行会计核算的其他事项。

### ❖ 本条来源 ❖

原法第十条。

### ❖ 立法演变 ❖

修改会计核算事项为会计要素。

| 修改前 | 修改后 |
| --- | --- |
| **第十条** 下列经济业务事项，应当办理会计手续，进行会计核算：<br>（一）~~款项和有价证券的收付~~；<br>（二）~~财物的收发~~、增减和使用；<br>（三）~~债权债务的发生和结算~~；<br>（四）~~资本、基金的增减~~；<br>（五）收入、支出、费用、成本的计算；<br>（六）财务成果的计算和处理；<br>（七）需要办理会计手续、进行会计核算的其他事项。 | **第十条** 各单位应当对下列经济业务事项办理会计手续，进行会计核算：<br>（一）**资产**的增减和使用；<br>（二）**负债**的增减；<br>（三）**净资产（所有者权益）**的增减；<br>（四）收入、支出、费用、成本的增减；<br>（五）财务成果的计算和处理； |

| 修改前 | 修改后 |
| --- | --- |
| ~~第二十五条 公司、企业必须根据实际发生的经济业务事项，按照国家统一的会计制度的规定确认、计量和记录资产、负债、所有者权益、收入、费用、成本和利润。~~ | （六）需要办理会计手续、进行会计核算的其他事项。 |

◆ 条文释义 ◆

一、规范意旨

本条规范会计核算的对象，明确会计核算的对象是会计要素，形成会计法与企业会计准则和政府会计准则的有效衔接。

二、会计主体

会计主体，是指企业会计确认、计量和报告的空间范围。在会计主体假设下，企业应当对其本身发生的交易或者事项进行会计确认、计量和报告，反映企业本身所从事的各项生产经营活动。明确界定会计主体是开展会计确认、计量和报告工作的重要前提。会计主体不同于法律主体。一般来说，法律主体必然是一个会计主体。但是，会计主体不一定是法律主体。

三、会计要素

根据《企业会计准则——基本准则》（财政部令第76号）第十条的相关规定，企业应当按照交易或者事项的经济特征确定会计要素。会计要素包括资产、负债、所有者权益、收入、费用和利润。

根据《政府会计准则——基本准则》(财政部令第78号)第二十六条的相关规定,政府财务会计要素包括资产、负债、净资产、收入和费用。

### 四、修改依据

一是原会计法规定的经济业务事项仅适用于企业会计,不适用于政府会计。同时,经济业务事项需要与会计要素相对应,会计法需要与企业会计准则和政府会计准则相衔接,并为基本准则提供上位法依据。

视频讲解

二是这是贯彻落实《国务院办公厅关于进一步规范财务审计秩序促进注册会计师行业健康发展的意见》(国办发〔2021〕30号)关于"推动加快修订会计法,进一步明确会计核算、内部控制、信息化建设等要求"的具体举措。

## 第十一条 【会计年度】

会计年度自公历1月1日起至12月31日止。

### ❖ 本条来源 ❖

原法第十一条。

### ❖ 立法演变 ❖

无变化。

◆ 条文释义 ◆

## 一、规范意旨

本条规范会计核算的时间范围，明确会计年度就是一个完整的自然年度。

## 二、会计分期

会计分期，是指将一个企业持续经营的生产经营活动划分为一个个连续的、长短相同的期间。会计分期的目的，在于通过会计期间的划分，将持续经营的生产经营活动划分成连续、相等的期间，据以结算盈亏，按期编报财务报告，从而及时向财务报告使用者提供有关企业财务状况、经营成果和现金流量的信息。明确会计分期假设意义重大，由于会计分期，才产生了当期与以前期间、以后期间的差别，才使不同类型的会计主体有了记账的基准，进而出现了折旧、摊销等会计处理方法。在会计分期假设下，企业应当划分会计期间，分期结算账目和编制财务报告。

## 第十二条 【记账本位币】

会计核算以人民币为记账本位币。

业务收支以人民币以外的货币为主的单位，可以选定其中一种货币作为记账本位币，但是编报的财务会计报告应当折算为人民币。

◆ 本条来源 ◆

原法第十二条。

◆ 立法演变 ◆

无变化。

### ✦ 条文释义 ✦

**一、规范意旨**

本条规范会计核算的记账本位币,明确人民币是记账本位币,业务收支以人民币以外的货币为主的单位可以选定其中一种货币作为记账本位币,但是编报的财务会计报告应当折算为人民币。

**二、货币计量**

货币计量,是指会计主体在财务会计确认、计量和报告时以货币计量,反映会计主体的生产经营活动。

## 第十三条 【会计资料】

会计凭证、会计账簿、财务会计报告和其他会计资料,必须符合国家统一的会计制度的规定。

使用电子计算机进行会计核算的,其软件及其生成的会计凭证、会计账簿、财务会计报告和其他会计资料,也必须符合国家统一的会计制度的规定。

任何单位和个人不得伪造、变造会计凭证、会计账簿及其他会计资料,不得提供虚假的财务会计报告。

### ✦ 本条来源 ✦

原法第十三条。

### ✦ 立法演变 ✦

无变化。

◆ 条文释义 ◆

### 一、规范意旨

本条规范会计资料的一般核算要求，明确会计资料必须符合国家统一的会计制度的规定。

### 二、会计账套

会计账套是指存放会计核算对象的所有会计业务数据文件的总称，账套中包含的文件有会计科目、记账凭证、会计账簿、会计报表等。会计账套是会计信息化工作中的实务术语，法律规章制度中一般不使用会计账套替代会计凭证、会计账簿等会计资料。

### 三、第五条第二款和第十三条第三款的区别

第五条第二款规定，任何单位或者个人不得以任何方式授意、指使、强令会计机构、会计人员伪造、变造会计凭证、会计账簿和其他会计资料，提供虚假财务会计报告。本条款强调任何单位或者个人不得以任何方式授意、指使、强令会计机构、会计人员进行财务造假。

第十三条第三款规定，任何单位和个人不得伪造、变造会计凭证、会计账簿及其他会计资料，不得提供虚假的财务会计报告。本条款强调任何单位和个人不得进行财务造假。

## 第十四条 【会计凭证】

会计凭证包括原始凭证和记账凭证。

办理本法第十条所列的经济业务事项，必须填制或者取得原始凭证并及时送交会计机构。

会计机构、会计人员必须按照国家统一的会计制度的规定对原始

凭证进行审核，对不真实、不合法的原始凭证有权不予接受，并向单位负责人报告；对记载不准确、不完整的原始凭证予以退回，并要求按照国家统一的会计制度的规定更正、补充。

原始凭证记载的各项内容均不得涂改；原始凭证有错误的，应当由出具单位重开或者更正，更正处应当加盖出具单位印章。原始凭证金额有错误的，应当由出具单位重开，不得在原始凭证上更正。

记账凭证应当根据经过审核的原始凭证及有关资料编制。

### ❖ 本条来源 ❖

原法第十四条。

### ❖ 立法演变 ❖

无变化。

### ❖ 条文释义 ❖

#### 一、规范意旨

本条规范会计凭证的种类，明确会计凭证的填制、取得、审核和修改等要求。

#### 二、原始凭证

原始凭证是在经济业务发生时取得或填制的，用以记录和证明经济业务发生或完成情况的凭证。

#### 三、记账凭证

会计人员根据审核无误后的原始凭证或汇总原始凭证，按照经济业务的内容加以归类，用来确定会计分录而填制的直接作为登记账簿依据的会计凭证。

## 第十五条 【会计账簿】

会计账簿登记，必须以经过审核的会计凭证为依据，并符合有关法律、行政法规和国家统一的会计制度的规定。会计账簿包括总账、明细账、日记账和其他辅助性账簿。

会计账簿应当按照连续编号的页码顺序登记。会计账簿记录发生错误或者隔页、缺号、跳行的，应当按照国家统一的会计制度规定的方法更正，并由会计人员和会计机构负责人（会计主管人员）在更正处盖章。

使用电子计算机进行会计核算的，其会计账簿的登记、更正，应当符合国家统一的会计制度的规定。

### 本条来源

原法第十五条。

### 立法演变

无变化。

### 条文释义

**一、规范意旨**

本条规范会计账簿的登记，明确会计账簿登记和更正要求。

**二、总账**

总账，又称总分类账簿，也称总分类账，是根据总分类科目开设账户，用来登记全部经济业务，进行总分类核算，提供总括核算资料的分类账簿。总分类账所提供的核算资料，是编制会计报表的主要依据，任何单位都必须设置总分类账。

### 三、明细账

明细账，又称明细分类账，是按明细分类账户开设的、用来分类登记某类经济业务详细情况、提供明细核算资料的账簿。总分类账和明细分类账，统称分类账，是按照账户对经济业务进行分类核算和监督的账簿。

### 四、日记账

日记账，又称序时账，是按经济业务发生和完成时间的先后顺序进行登记的账簿。

### 五、其他辅助性账簿

其他辅助账簿，又称备查簿，是为备忘备查而设置的。在会计实务中主要包括各种租借设备、物资的辅助登记或有关应收款项、应付款项的备查簿，担保、抵押备查簿等。各单位可根据自身管理的需要，设置其他辅助账簿。

## 第十六条 【会计核算的完整性要求】

各单位发生的各项经济业务事项应当在依法设置的会计账簿上统一登记、核算，不得违反本法和国家统一的会计制度的规定私设会计账簿登记、核算。

### ✦ 本条来源 ✦

原法第十六条。

### ✦ 立法演变 ✦

无变化。

### 条文释义

**一、规范意旨**

本条规范会计核算的完整性，私设会计账簿登记、核算被明令禁止。

**二、私设会计账簿**

私设会计账簿，又称"两套账""多套账"，是指单位在不同目的之下，为了满足不同要求对同一个会计主体编制了两套账，甚至多套账。比如：反映企业实际经营情况的内账（又称管理账）、用于应付税务机关检查的税务账、用于从银行贷款的银行账、用于应付海关检查的海关账、用于申请高新资格的高新账等。

## 第十七条 【定期对账】

各单位应当定期将会计账簿记录与实物、款项及有关资料相互核对，保证会计账簿记录与实物及款项的实有数额相符、会计账簿记录与会计凭证的有关内容相符、会计账簿之间相对应的记录相符、会计账簿记录与会计报表的有关内容相符。

### 本条来源

原法第十七条。

### 立法演变

无变化。

## 条文释义

### 一、规范意旨

本条规范各单位要定期对账,包括账实核对、账证核对、账账核对和账表核对。

### 二、账实核对

账实核对,是指核对会计账簿记录与实物及款项的实有数额是否相符。包括:现金日记账账面余额与现金实际库存数相核对;银行存款日记账账面余额定期与银行对账单相核对;各种财物明细账账面余额与财物实存数额相核对;各种应收款项、应付款项明细账账面余额与有关债务、债权单位或者个人核对等。

### 三、账证核对

账证核对,是指核对会计账簿记录与原始凭证、记账凭证的时间、凭证字号、内容、金额是否一致,记账方向是否相符。

### 四、账账核对

账账核对,是指核对不同会计账簿之间相对应的记录是否相符,包括:总账有关账户的余额核对,总账与明细账核对,总账与日记账核对,会计机构的财产物资明细账与财产物资保管和使用部门的有关明细账核对等。

### 五、账表核对

账表核对,是指核对会计账簿记录与会计报表的有关内容、金额是否相符。

## 第十八条 【会计处理方法】

各单位采用的会计处理方法，前后各期应当一致，不得随意变更；确有必要变更的，应当按照国家统一的会计制度的规定变更，并将变更的原因、情况及影响在财务会计报告中说明。

### ◆ 本条来源 ◆

原法第十八条。

### ◆ 立法演变 ◆

无变化。

### ◆ 条文释义 ◆

**一、规范意旨**

本条规范会计处理方法的采用与变更，明确会计处理方法应当前后各期保持一致，不得随意变更，以及确需变更时的信息披露要求。

**二、会计处理方法**

会计处理方法，又称会计核算方法，包括会计确认方法、会计计量方法、会计记录方法、会计报告方法等。会计处理方法前后各期保持一致的目的是提高会计信息的可比性。对企业而言，会计处理方法变更主要涉及会计政策、会计估计变更。

**三、会计政策**

根据《企业会计准则第28号——会计政策、会计估计变更和差错更正》（财会〔2006〕第3号）第三条的相关规定，会计政策，是指企业在会计确认、计量和报告中所采用的原则、基础和会计处理方法。

## 四、会计估计

会计估计是指对结果不确定的交易或事项以最近可利用的信息为基础所作出的判断。

根据《企业会计准则第28号——会计政策、会计估计变更和差错更正》(财会〔2006〕第3号)第八条的相关规定，会计估计变更，是指由于资产和负债的当前状况及预期经济利益和义务发生了变化，从而对资产或负债的账面价值或者资产的定期消耗金额进行调整。

## 五、前期差错

根据《企业会计准则第28号——会计政策、会计估计变更和差错更正》(财会〔2006〕第3号)第十一条的相关规定，前期差错，是指由于没有运用或错误运用下列两种信息，而对前期财务报表造成省略或错报：一是编报前期财务报表时预期能够取得并加以考虑的可靠信息；二是前期财务报告批准报出时能够取得的可靠信息。前期差错通常包括计算错误、应用会计政策错误、疏忽或曲解事实以及舞弊产生的影响以及存货、固定资产盘盈等。

## 第十九条 【或有事项】

单位提供的担保、未决诉讼等或有事项，应当按照国家统一的会计制度的规定，在财务会计报告中予以说明。

◆ **本条来源** ◆

原法第十九条。

◆ **立法演变** ◆

无变化。

◆ 条文释义 ◆

一、规范意旨

本条规范或有事项的会计核算,明确或有事项的确认、计量和报告要求。

二、或有事项

根据《企业会计准则第13号——或有事项》(财会〔2006〕第3号)第二条的相关规定,或有事项是指过去的交易或者事项形成的,其结果须由某些未来事项的发生或不发生才能决定的不确定事项。

## 第二十条 【财务会计报告编制】

财务会计报告应当根据经过审核的会计账簿记录和有关资料编制,并符合本法和国家统一的会计制度关于财务会计报告的编制要求、提供对象和提供期限的规定;其他法律、行政法规另有规定的,从其规定。

向不同的会计资料使用者提供的财务会计报告,其编制依据应当一致。有关法律、行政法规规定财务会计报告须经注册会计师审计的,注册会计师及其所在的会计师事务所出具的审计报告应当随同财务会计报告一并提供。

◆ 本条来源 ◆

原法第二十条。

◆ 立法演变 ◆

删除了财务会计报告组成内容。

| 修改前 | 修改后 |
|---|---|
| **第二十条** 财务会计报告应当根据经过审核的会计帐簿记录和有关资料编制,并符合本法和国家统一的会计制度关于财务会计报告的编制要求、提供对象和提供期限的规定;其他法律、行政法规另有规定的,从其规定。<br><br>~~财务会计报告由会计报表、会计报表附注和财务情况说明书组成。~~向不同的会计资料使用者提供的财务会计报告,其编制依据应当一致。有关法律、行政法规规定~~会计报表、会计报表附注和财务情况说明书~~须经注册会计师审计的,注册会计师及其所在的会计师事务所出具的审计报告应当随同财务会计报告一并提供。 | **第二十条** 财务会计报告应当根据经过审核的会计账簿记录和有关资料编制,并符合本法和国家统一的会计制度关于财务会计报告的编制要求、提供对象和提供期限的规定;其他法律、行政法规另有规定的,从其规定。<br><br>向不同的会计资料使用者提供的财务会计报告,其编制依据应当一致。有关法律、行政法规规定财务会计报告须经注册会计师审计的,注册会计师及其所在的会计师事务所出具的审计报告应当随同财务会计报告一并提供。 |

### ❖ 条文释义 ❖

## 一、规范意旨

本条规范财务会计报表的编制,"阴阳财务报表"被明令禁止。

## 二、财务会计报告编制依据

根据新会计法第二十条的相关规定，财务会计报告应当根据经过审核的会计账簿记录和有关资料编制，并符合本法和国家统一的会计制度关于财务会计报告的编制要求、提供对象和提供期限的规定；其他法律、行政法规另有规定的，从其规定。

根据《会计基础工作规范（征求意见稿）》第四十九条的相关规定，财务会计报告应当根据登记完整、核对无误的会计账簿记录和其他有关资料编制，做到数字真实、计算准确、项目齐全、内容完整、说明清楚。任何人不得篡改或者授意、指使、强令他人篡改财务会计报告。

视频讲解

## 三、修改依据

现行会计准则对公司、企业以及政府、民间非营利组织的财务会计报告的组成内容已有更加具体和针对性的规定，政府财务报告没有关于财务情况说明书的要求。

## 第二十一条 【财务会计报告签章及责任人】

财务会计报告应当由单位负责人和主管会计工作的负责人、会计机构负责人（会计主管人员）签名并盖章；设置总会计师的单位，还须由总会计师签名并盖章。

单位负责人应当保证财务会计报告真实、完整。

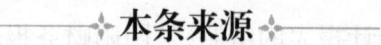

本条来源

原法第二十一条。

### 立法演变

无变化。

### 条文释义

#### 一、规范意旨

本条规范财务会计报告签章及责任人，明确财务会计报告由谁签名并盖章，明确单位负责人是财务会计报告的第一责任人。

#### 二、总会计师

根据《总会计师条例》（2011年修订）第五条的相关规定，总会计师组织领导本单位的财务管理、成本管理、预算管理、会计核算和会计监督等方面的工作，参与本单位重要经济问题的分析和决策。

总会计师是单位行政领导成员，协助单位主要行政领导人工作，直接对单位主要行政领导人负责。在企业领导班子中，总会计师是一个特殊的专业职位，是企业监督制衡机制的重要组成部分。

## 第二十二条 【会计记录文字】

会计记录的文字应当使用中文。在民族自治地方，会计记录可以同时使用当地通用的一种民族文字。

在中华人民共和国境内的外商投资企业、外国企业和其他外国组织的会计记录可以同时使用一种外国文字。

### 本条来源

原法第二十二条。

### 立法演变

无变化。

### 条文释义

#### 一、规范意旨

本条规范会计记录文字，明确会计记录必须使用中文，同时可以根据需要选用一种民族文字或者外国文字。

#### 二、中文

中文是指中国的语言文字，特指汉族的语言文字，即汉语和汉字。根据《中华人民共和国国家通用语言文字法》第二条的相关规定，规范汉字是国家通用文字。

## 第二十三条 【会计档案保管】

各单位对会计凭证、会计账簿、财务会计报告和其他会计资料应当建立档案，妥善保管。会计档案的保管期限、销毁、安全保护等具体管理办法，由国务院财政部门会同有关部门制定。

### 本条来源

原法第二十三条。

### 立法演变

新增安全保护要求。

| 修改前 | 修改后 |
|---|---|
| 第二十三条 各单位对会计凭证、会计帐簿、财务会计报告和其他会计资料应当建立档案，妥善保管。会计档案的保管期限和销毁办法，由国务院财政部门会同有关部门制定。 | 第二十三条 各单位对会计凭证、会计账簿、财务会计报告和其他会计资料应当建立档案，妥善保管。会计档案的保管期限、销毁、**安全保护等具体管理**办法，由国务院财政部门会同有关部门制定。 |

### 条文释义

#### 一、规范意旨

本条规范会计档案的保管，明确会计档案的保管要求以及会计档案具体管理办法的制定权限。

#### 二、会计档案

根据《会计档案管理办法》（2015年修订）第三条的相关规定，会计档案是指单位在进行会计核算等过程中接收或形成的，记录和反映单位经济业务事项的，具有保存价值的文字、图表等各种形式的会计资料，包括通过计算机等电子设备形成、传输和存储的电子会计档案。

根据《会计档案管理办法》（2015年修订）第六条的相关规定，下列会计资料应当进行归档：（一）会计凭证，包括原始凭证、记账凭证；（二）会计账簿，包括总账、明细账、日记账、固定资产卡片及其他辅助性账簿；（三）财务会计报告，包括月度、季度、半年度、年度财务会计报告；（四）其他会计资料，包括银行存款余额调节表、银行对账单、纳税申报表、会计档案移交清册、会计档案保管清册、会计档案销毁清册、会计档案鉴定意见书及其他具有保存价值的会计资料。

### 三、修改依据

会计信息安全越来越重要，增加安全保护要求，有助于保障国家经济安全，保护社会公共利益。为此，国务院财政部门会同有关部门制定了一系列规章制度。比如，中国证监会、财政部、国家保密局、国家档案局联合公布的《关于加强境内企业境外发行证券和上市相关保密和档案管理工作的规定》（证监会公告〔2023〕44号）。

视频讲解

## 第二十四条 【会计核算的禁止行为】

各单位进行会计核算不得有下列行为：

（一）随意改变资产、负债、净资产（所有者权益）的确认标准或者计量方法，虚列、多列、不列或者少列资产、负债、净资产（所有者权益）；

（二）虚列或者隐瞒收入，推迟或者提前确认收入；

（三）随意改变费用、成本的确认标准或者计量方法，虚列、多列、不列或者少列费用、成本；

（四）随意调整利润的计算、分配方法，编造虚假利润或者隐瞒利润；

（五）违反国家统一的会计制度规定的其他行为。

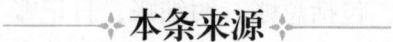

◆ 本条来源 ◆

原法第二十六条。

## ✦ 立法演变 ✦

根据第十条对语言表述做相应调整。

| 修改前 | 修改后 |
| --- | --- |
| 第二十六条 ~~公司、企业~~进行会计核算不得有下列行为：<br>（一）随意改变资产、负债、所有者权益的确认标准或者计量方法，虚列、多列、不列或者少列资产、负债、所有者权益；<br>（二）虚列或者隐瞒收入，推迟或者提前确认收入；<br>（三）随意改变费用、成本的确认标准或者计量方法，虚列、多列、不列或者少列费用、成本；<br>（四）随意调整利润的计算、分配方法，编造虚假利润或者隐瞒利润；<br>（五）违反国家统一的会计制度规定的其他行为。 | 第二十四条 **各单位**进行会计核算不得有下列行为：<br>（一）随意改变资产、负债、**净资产**（所有者权益）的确认标准或者计量方法，虚列、多列、不列或者少列资产、负债、**净资产**（所有者权益）；<br>（二）虚列或者隐瞒收入，推迟或者提前确认收入；<br>（三）随意改变费用、成本的确认标准或者计量方法，虚列、多列、不列或者少列费用、成本；<br>（四）随意调整利润的计算、分配方法，编造虚假利润或者隐瞒利润；<br>（五）违反国家统一的会计制度规定的其他行为。 |

## ✦ 条文释义 ✦

### 一、规范意旨

本条规范会计核算的禁止行为，明确各单位进行会计核算时哪些行为是被明令禁止的。

## 二、修改依据

以会计要素作为核算对象后,本条的适用对象不再局限于公司、企业,而是国家机关、社会团体、公司、企业、事业单位和其他组织六类会计主体。

除此之外,新会计法删除了原会计法的"第三章 公司、企业会计核算的特别规定",其中,第二十四条被彻底删除,第二十五条并入第十条。

视频讲解

# 第三章

# 会计监督

## 第二十五条 【内部会计监督制度】

各单位应当建立、健全本单位内部会计监督制度,并将其纳入本单位内部控制制度。单位内部会计监督制度应当符合下列要求:

(一)记账人员与经济业务事项和会计事项的审批人员、经办人员、财物保管人员的职责权限应当明确,并相互分离、相互制约;

(二)重大对外投资、资产处置、资金调度和其他重要经济业务事项的决策和执行的相互监督、相互制约程序应当明确;

(三)财产清查的范围、期限和组织程序应当明确;

(四)对会计资料定期进行内部审计的办法和程序应当明确;

(五)国务院财政部门规定的其他要求。

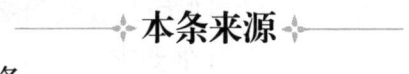

**本条来源**

原法第二十七条。

**立法演变**

新增内部控制要求和兜底性条款。

| 修改前 | 修改后 |
|---|---|
| 第二十七条 各单位应当建立、健全本单位内部会计监督制度。单位内部会计监督制度应当符合下列要求：<br>（一）记帐人员与经济业务事项和会计事项的审批人员、经办人员、财物保管人员的职责权限应当明确，并相互分离、相互制约；<br>（二）重大对外投资、资产处置、资金调度和其他重要经济业务事项的决策和执行的相互监督、相互制约程序应当明确；<br>（三）财产清查的范围、期限和组织程序应当明确；<br>（四）对会计资料定期进行内部审计的办法和程序应当明确。 | 第二十五条 各单位应当建立、健全本单位内部会计监督制度，**并将其纳入本单位内部控制制度。**单位内部会计监督制度应当符合下列要求：<br>（一）记账人员与经济业务事项和会计事项的审批人员、经办人员、财物保管人员的职责权限应当明确，并相互分离、相互制约；<br>（二）重大对外投资、资产处置、资金调度和其他重要经济业务事项的决策和执行的相互监督、相互制约程序应当明确；<br>（三）财产清查的范围、期限和组织程序应当明确；<br>（四）对会计资料定期进行内部审计的办法和程序应当明确；<br>**（五）国务院财政部门规定的其他要求。** |

### 条文释义

#### 一、规范意旨

本条规范内部会计监督制度，明确各单位内部会计监督制度的设计要求，并将其纳入本单位内部控制制度。

新会计法系列
解读之五

## 二、内部会计监督制度的设计要求

第一项要求是指记账人员与经济业务事项和会计事项的审批人员、经办人员、财物保管人员,应当实行职务分离,各有明确的职责,不能交叉任职,混淆不清;这些职务只有分离,才能形成相互制约,分离是制约的前提条件,职务分离和制约是实行内部控制的有效措施,可以防止因职务重叠、权力集中、职责不清而造成的种种弊端,实行有效的内部控制。

第二项要求是指对于重要经济业务事项应当有明确的决策和执行程序,在这种程序方面应当遵循相互监督、相互制约的法律原则,实行有效的监督和控制,减少盲目决策,防止程序混乱,内部失控,造成损失。

第三项要求是指财产清查作为加强会计管理、保证会计核算准确性的一项重要措施,应当建立财产清查制度,规范财产清查工作,通过财产清查改善经营管理,保证财产的安全与完整。

第四项要求是指对会计资料进行内部审计,应当使之制度化,有规范地进行,遵守订立的程序,无论是由内部审计机构、审计人员,还是由其他监督机构和人员进行的审计,都应当是对单位会计工作的控制和实行再监督。

第五项要求是指除上述四项要求以外的其他内部会计监督要求。第五项为兜底性条款。

其中,第一项至第四项要求引自中国人大网法律释义及问答。

## 三、修改依据

将内部会计监督制度纳入内部控制制度是为贯彻落实《国务院办公厅关于进一步规范财务审计秩序促进注册会计师行业健康发展的意见》(国办发〔2021〕

视频讲解

30号)关于"推动加快修订会计法,进一步明确会计核算、内部控制、信息化建设等要求"的具体举措。

根据《会计基础工作规范(征求意见稿)》的相关规定,各单位应当建立健全稽核制度(第八十一条)、计量验收制度(第八十三条)、财务收支审批制度(第八十五条)等,上述制度已经超出了第二十五条(一)至(四)项的要求,因此,此次修法新增了兜底性条款。

## 第二十六条【对会计机构、会计人员依法履职的法律保护】

单位负责人应当保证会计机构、会计人员依法履行职责,不得授意、指使、强令会计机构、会计人员违法办理会计事项。

会计机构、会计人员对违反本法和国家统一的会计制度规定的会计事项,有权拒绝办理或者按照职权予以纠正。

◆ 本条来源 ◆

原法第二十八条。

◆ 立法演变 ◆

无变化。

◆ 条文释义 ◆

一、规范意旨

本条规范会计机构、会计人员的依法履职,明确会计机构、会计人员的权利及对其依法履职的法律保护。

二、第二十六条第一款与第五条第二款的区别

第五条第二款规定,任何单位或者个人不得以任何方式授意、指

使、强令会计机构、会计人员伪造、变造会计凭证、会计账簿和其他会计资料,提供虚假财务会计报告。

第二十六条第一款规定,单位负责人应当保证会计机构、会计人员依法履行职责,不得授意、指使、强令会计机构、会计人员违法办理会计事项。

与第五条第二款相比,第二十六条第一款在行为主体上聚焦于单位负责人,在会计行为上强调会计违法行为,比财务造假更宽泛。

## 第二十七条 【账实不符的处理方式】

会计机构、会计人员发现会计账簿记录与实物、款项及有关资料不相符的,按照国家统一的会计制度的规定有权自行处理的,应当及时处理;无权处理的,应当立即向单位负责人报告,请求查明原因,作出处理。

◆ 本条来源 ◆

原法第二十九条。

◆ 立法演变 ◆

无变化。

◆ 条文释义 ◆

一、规范意旨

本条规范账实不符的处理方式,明确会计机构、会计人员发现账实不符时,应当按照国家统一的会计制度的规定处理。

二、账实不符

账实不符,是指会计账簿记录与实物、款项及有关资料不相符。

第二十七条与第十七条账实核对相衔接。

## 第二十八条 【会计违法行为的检举】

任何单位和个人对违反本法和国家统一的会计制度规定的行为，有权检举。收到检举的部门有权处理的，应当依法按照职责分工及时处理；无权处理的，应当及时移送有权处理的部门处理。收到检举的部门、负责处理的部门应当为检举人保密，不得将检举人姓名和检举材料转给被检举单位和被检举人个人。

### ◆ 本条来源 ◆

原法第三十条。

### ◆ 立法演变 ◆

无变化。

### ◆ 条文释义 ◆

**一、规范意旨**

本条规范会计违法行为的检举，明确任何单位和个人对会计违法行为都有权检举，且受法律保护。

**二、会计违法行为检举事项处理程序**

根据《财政部信访工作办法》（财政部令第30号）第十二条的相关规定，会计违法行为检举事项按照以下流程处理：

（一）信息接收。信访人采取来信方式的，当日来信，当日拆封，将信封、信件及其附件一并装订；采用电子邮件、传真、电话、走访等方式的，收到当日将信访人提供的信息转为书面形式并装订。

（二）登记。将信访人姓名、工作单位（或家庭地址）、提供信息时间和主要内容输入信访信息系统。

（三）受理。信访办自收到信访人提出的信访事项之日起，15日内决定该信访事项是否受理，并书面告知信访人。对不属于财政职责范围的事项，信访办应当报告领导小组同意后作出不予受理决定，并书面告知信访人不予受理的理由及应当受理部门或机构。信访人姓名、住址不清的除外。

（四）报告。对投诉、申诉、检举信件和意见、建议涉及重要工作的，信访办应当及时报告领导小组负责人。

（五）分转。对于受理的信访事项，信访办按照来信内容和部内各单位职责分工转送有关单位办理。需两个以上单位共同办理的，应当明确主办单位和协办单位。

（六）转办。依据职责属于省级以下财政部门办理的信访事项，转送下级财政部门处理，并抄送下级人民政府信访工作机构。对转送信访事项中的重要情况需要反馈办理结果的，可以要求下级财政部门在指定办理期限内反馈结果，提交办结报告。

（七）承办。部内单位收到信访办交给本单位办理的信访事项，应当立即指定专人办理。承办人应当恪尽职守，依法办事。承办人员可以电话联系、约见、走访信访人，听取信访人陈述情况。承办人可以运用咨询、教育、协商、调解、听证等方法办理信访事项。对于重大的信访事项，可以采取主要领导走访制。

（八）督查。对国务院及有关单位交办、转办、协办的信访事项，各单位应当尽快办理上报。信访办要加强督查工作。

（九）答复。信访事项应当自受理之日起60日内办结；情况复杂的，经领导小组领导批准，可以适当延长办理期限，但延长期限不得超过30日，并告知信访人延期理由。各单位应当按信访办规定的办理时限，向信访办提交信访事项处理意见，信访办统一答复信访人。

## 第二十九条 【独立审计监督】

有关法律、行政法规规定，须经注册会计师进行审计的单位，应当向受委托的会计师事务所如实提供会计凭证、会计账簿、财务会计报告和其他会计资料以及有关情况。

任何单位或者个人不得以任何方式要求或者示意注册会计师及其所在的会计师事务所出具不实或者不当的审计报告。

财政部门有权对会计师事务所出具审计报告的程序和内容进行监督。

### ◆ 本条来源 ◆

原法第三十一条。

### ◆ 立法演变 ◆

无变化。

### ◆ 条文释义 ◆

#### 一、规范意旨

本条规范独立审计监督，明确独立审计监督的法律地位、法律保护以及财政部门对独立审计的监督权。

#### 二、鉴证业务

根据《中国注册会计师鉴证业务基本准则》（2022年修订）第五条的相关规定，鉴证业务是指注册会计师对鉴证对象信息提出结论，以增强除责任方之外的预期使用者对鉴证对象信息信任程度的业务。其中，鉴证对象信息是按照标准对鉴证对象进行评价和计量的结果。如责任方按照会计准则和相关会计制度（标准）对其财务状况、经营成果和现金流量（鉴证对象）进行确认、计量和列报（包括披露）而形成的财务报表（鉴证对象信息）。

## 第三十条 【行政执法监督】

财政部门对各单位的下列情况实施监督：

（一）是否依法设置会计账簿；

（二）会计凭证、会计账簿、财务会计报告和其他会计资料是否真实、完整；

（三）会计核算是否符合本法和国家统一的会计制度的规定；

（四）从事会计工作的人员是否具备专业能力、遵守职业道德。

在对前款第（二）项所列事项实施监督，发现重大违法嫌疑时，国务院财政部门及其派出机构可以向与被监督单位有经济业务往来的单位和被监督单位开立账户的金融机构查询有关情况，有关单位和金融机构应当给予支持。

### 本条来源

原法第三十二条。

### 立法演变

无变化。

### 条文释义

#### 一、规范意旨

本条规范财政部门行政执法监督的内容，明确有关单位和金融机构有义务支持财政部门开展行政执法监督。

#### 二、行政强制

根据《中华人民共和国行政强制法》（2011年）第二条的相关规定，行政强制包括行政强制措施和行政强制执行。

行政强制措施，是指行政机关在行政管理过程中，为制止违法行为、防止证据损毁、避免危害发生、控制危险扩大等情形，依法对公民的人身自由实施暂时性限制，或者对公民、法人或者其他组织的财物实施暂时性控制的行为。

行政强制执行，是指行政机关或者行政机关申请人民法院，对不履行行政决定的公民、法人或者其他组织，依法强制履行义务的行为。

## 第三十一条 【依责监督与监督协作】

财政、审计、税务、金融管理等部门应当依照有关法律、行政法规规定的职责，对有关单位的会计资料实施监督检查，并出具检查结论。

财政、审计、税务、金融管理等部门应当加强监督检查协作，有关监督检查部门已经作出的检查结论能够满足其他监督检查部门履行本部门职责需要的，其他监督检查部门应当加以利用，避免重复查账。

### ◆ 本条来源 ◆

原法第三十三条。

### ◆ 立法演变 ◆

根据机构改革事项修改语言表述，新增加强监督检查协作要求。

| 修改前 | 修改后 |
| --- | --- |
| 第三十三条 财政、审计、税务、~~人民银行~~、~~证券监管~~、~~保险监管~~等部门应当依照有关法律、行政法规规定的职责，对有关单位的会计资料实施监督检查。 | 第三十一条 财政、审计、税务、**金融管理**等部门应当依照有关法律、行政法规规定的职责，对有关单位的会计资料实施监督检查，**并出具检查结论**。 |

| 修改前 | 修改后 |
|---|---|
| 前款所列监督检查部门对有关单位的会计资料依法实施监督检查后，应当出具检查结论。有关监督检查部门已经作出的检查结论能够满足其他监督检查部门履行本部门职责需要的，其他监督检查部门应当加以利用，避免重复查帐。 | **财政、审计、税务、金融管理等部门应当加强监督检查协作**，有关监督检查部门已经作出的检查结论能够满足其他监督检查部门履行本部门职责需要的，其他监督检查部门应当加以利用，避免重复查账。 |

## 条文释义

### 一、规范意旨

本条规范各部门对有关单位会计资料的监督，明确各部门应当依责监督，加强监督检查协作，避免重复查账。

### 二、依责监督

依责监督，是指财政、审计、税务、金融管理等部门应当依照有关法律、行政法规规定的职责，对有关单位的会计资料实施监督检查，并出具检查结论。具体而言：

（一）财政部门依据《中华人民共和国会计法》（2024年修正）的相关规定，对国家机关、社会团体、公司、企业、事业单位和其他组织六类会计主体的会计资料的真实性、完整性进行监督检查。

（二）审计部门依据《中华人民共和国审计法》（2021年修正）的相关规定，对国务院各部门和地方各级人民政府及其各部门的财政收支，国有的金融机构和企业事业组织的财务收支，以及其他依照本法规定应当接受审计的财政收支、财务收支的真实性、合法性和效益性进行审计监督。

（三）税务部门依据《中华人民共和国税收征收管理法》（2015年修正）的相关规定，税务机关有权对纳税人的账簿、记账凭证、报表和有关资料和扣缴义务人代扣代缴、代收代缴税款账簿、记账凭证和有关资料进行税务检查。

（四）金融管理部门指"一行一总局一会"，即中国人民银行、国家金融监督管理总局和中国证券监督管理委员会。中国人民银行依据《中华人民共和国中国人民银行法》（2003年修正）的相关规定，有权对有关金融机构的财务和会计核算工作及相关会计资料进行检查、稽查和查核。中国证券监督管理委员会依

视频讲解

据《中华人民共和国证券法》（2019年修订）的相关规定，有权对上市公司、证券交易所、证券公司、证券登记结算机构、证券业协会和证券交易服务机构的会计资料进行监督检查。国家金融监督管理总局依据《中华人民共和国银行业监督管理法》《中华人民共和国商业银行法》《中华人民共和国保险法》《中华人民共和国信托法》等法律法规的相关规定，有权对有关单位的会计资料实施监督检查。

### 三、修改依据

新增加强监督检查协作要求是为贯彻落实《关于进一步加强财会监督工作的意见》关于建立财会监督与其他各类监督贯通协调的工作机制的要求。

## 第三十二条 【保密义务】

依法对有关单位的会计资料实施监督检查的部门及其工作人员对在监督检查中知悉的国家秘密、工作秘密、商业秘密、个人隐私、个

人信息负有保密义务。

### ❖ 本条来源 ❖

原法第三十四条。

### ❖ 立法演变 ❖

规范语言表述。

| 修改前 | 修改后 |
| --- | --- |
| **第三十四条** 依法对有关单位的会计资料实施监督检查的部门及其工作人员对在监督检查中知悉的国家秘密和商业秘密负有保密义务。 | **第三十二条** 依法对有关单位的会计资料实施监督检查的部门及其工作人员对在监督检查中知悉的国家秘密、**工作秘密**、商业秘密、**个人隐私**、**个人信息**负有保密义务。 |

### ❖ 条文释义 ❖

#### 一、规范意旨

本条规范实施监督检查的部门及其工作人员的保密义务，明确保密范围和保密内容。

#### 二、国家秘密

根据《中华人民共和国保守国家秘密法》（2024年修订）第二条的规定，国家秘密是关系国家安全和利益，依照法定程序确定，在一定时间内只限一定范围的人员知悉的事项。

### 三、工作秘密

根据《中华人民共和国保守国家秘密法》（2024年修订）第六十四条的规定，工作秘密是指机关、单位对履行职能过程中产生或者获取的不属于国家秘密但泄露后会造成一定不利影响的事项。工作秘密适用工作秘密管理办法采取必要的保护措施。工作秘密管理办法另行规定。

### 四、商业秘密

根据《中华人民共和国反不正当竞争法》（2019年修正）第九条的相关规定，商业秘密，是指不为公众所知悉、具有商业价值并经权利人采取相应保密措施的技术信息、经营信息等商业信息。

### 五、个人隐私

根据《中华人民共和国民法典》（2020年）第一千零三十二条的相关规定，隐私是自然人的私人生活安宁和不愿为他人知晓的私密空间、私密活动、私密信息。自然人享有隐私权。任何组织或者个人不得以刺探、侵扰、泄露、公开等方式侵害他人的隐私权。

### 六、个人信息

根据《中华人民共和国个人信息保护法》（2021年）第四条的相关规定，个人信息是以电子或者其他方式记录的与已识别或者可识别的自然人有关的各种信息，不包括匿名化处理后的信息。个人信息包括自然人的姓名、出生日期、身份证件号码、生物识别信息、住址、电话号码、电子邮箱、健康信息、行踪信息等。

## 七、修改依据

依据《中华人民共和国审计法》(2021年修正)的表述进行修改,审计法第十六条规定:"审计机关和审计人员对在执行职务中知悉的国家秘密、工作秘密、商业秘密、个人隐私和个人信息,应当予以保密,不得泄露或者向他人非法提供。"

视频讲解

## 第三十三条 【依法接受检查】

各单位必须依照有关法律、行政法规的规定,接受有关监督检查部门依法实施的监督检查,如实提供会计凭证、会计账簿、财务会计报告和其他会计资料以及有关情况,不得拒绝、隐匿、谎报。

◆ 本条来源 ◆

原法第三十五条。

◆ 立法演变 ◆

无变化。

◆ 条文释义 ◆

### 一、规范意旨

本条规范各单位依法接受检查的义务,拒绝提供会计资料和隐匿、谎报会计资料被明令禁止。

### 二、拒不交出会计资料

拒不交出会计资料,是指被检查单位依法应当向司法机关、行政机关、有关主管部门等提供会计资料,但拒绝提供会计资料的行为。

### 三、隐匿会计资料

根据中国人大网的法律释义与问答,隐匿会计资料,是指故意转移、隐藏应当保存的会计凭证、会计账簿、财务会计报告的行为。

# 第四章

# 会计机构和会计人员

## 第三十四条 【组织会计工作的方式】

各单位应当根据会计业务的需要,依法采取下列一种方式组织本单位的会计工作:

(一)设置会计机构;

(二)在有关机构中设置会计岗位并指定会计主管人员;

(三)委托经批准设立从事会计代理记账业务的中介机构代理记账;

(四)国务院财政部门规定的其他方式。

国有的和国有资本占控股地位或者主导地位的大、中型企业必须设置总会计师。总会计师的任职资格、任免程序、职责权限由国务院规定。

❖ 本条来源 ❖

原法第三十六条。

❖ 立法演变 ❖

新增兜底性规定。

| 修改前 | 修改后 |
|---|---|
| 第三十六条 各单位应当根据会计业务的需要，设置会计机构，或者在有关机构中设置会计人员并指定会计主管人员；不具备设置条件的，应当委托经批准设立从事会计代理记帐业务的中介机构代理记帐。<br><br>　　国有的和国有资产占控股地位或者主导地位的大、中型企业必须设置总会计师。总会计师的任职资格、任免程序、职责权限由国务院规定。 | 第三十四条 各单位应当根据会计业务的需要，**依法采取下列一种方式组织本单位的会计工作：**<br>（一）设置会计机构；<br>（二）在有关机构中设置会计岗位并指定会计主管人员；<br>（三）委托经批准设立从事会计代理记账业务的中介机构代理记账；<br>（四）**国务院财政部门规定的其他方式。**<br>　　国有的和国有**资本**占控股地位或者主导地位的大、中型企业必须设置总会计师。总会计师的任职资格、任免程序、职责权限由国务院规定。 |

## ✦ 条文释义 ✦

### 一、规范意旨

本条规范会计工作的组织方式，明确设置总会计师的要求。

### 二、企业集团的财务共享服务模式

大型企业集团面临规模不经济、管理成本居高不下、集团管控难度大、政策执行力差、机构员工冗杂等系列问题。为解决上述问题，企业集团以财会工作

新会计法系列
解读之四

为基础，上下整合集团总部及各级分子公司的财会业务，左右联通业务、财会、人事、信息管理等职能部门，形成了财务共享服务的管理模式。财务共享服务的核心内容，是企业依托现代信息技术建立运行财务共享服务中心，通过统一报销流程、会计核算、预算编制等财务标准，将分散于下属分子公司重复性高、易于标准化的财会业务进行流程再造，交由财务共享服务中心统一集中核算处理。同时，将财务共享服务中心作为连接前台和后台的中枢管理系统，推动对企业多部门、各业务、全流程的一体化管理。

### 三、行政事业单位的集中核算模式

基层行政事业单位会计面临着人员配备不足、专业能力偏低、监管手段欠缺、信息化程度不高等问题短板。为契合改革目标和实践需求，部分地方财政部门通过国库集中支付和会计核算工作的有机结合，打造了对行政事业单位进行集中核算的新模式，实现对本地区预算单位会计工作的全覆盖统一管理。集中核算的主要形式为，依托预算管理一体化系统，全面贯通预算支付和会计核算业务链条，统一业务管理规范和会计核算标准，对各级预算单位的资金资产进行集中管理，统一处理支出审核和会计核算业务。

### 四、村级组织的村级会计委托代理服务模式

村级组织（村集体经济组织和村民委员会）存在财会工作基础较弱、人员专业素质偏低、内部管理不规范、通讯交通不便等问题。在推进村级财务管理规范化建设的进程中，各地立足实际、积极实践，探索出由乡镇人民政府或街道办事处（以下简称代理服务机构）为村级组织代办会计业务这一有益做法。即村级会计委托代理服务，也称"村账乡管"。代理服务机构主要采取自愿委托管理的形式，按照村民自治、村务公开、民主管理、加强监督的原则，实行村级财务与村级

资金的双委托管理，维持村级组织各项资金的所有权、使用权、审批权和收益权"四权"不变。代理服务机构在接受委托后，各行政村不再设会计和出纳，只配备报账员，其资金由代理服务机构根据自愿签订的委托协议，以及会计法及《农村集体经济组织会计制度》等有关要求进行统一管理，实现统一资金账户、统一报账时间、统一报账程序、统一会计核算、统一档案管理"五个统一"。

### 五、修改依据

根据当前各单位开展会计工作的新情况，允许单位可以按照国务院财政部门规定的其他方式组织会计工作。"国务院财政部门规定的其他方式"主要包括海南等地实行的财务集中核算（设立专门的事业单位集中记账）、中石油的财务共享中心（不同层级的关联公司账簿集中到某一层级）、村级会计委托代理服务（乡镇人民政府或街道办事处为村级组织代办会计业务）等，上述情形下记账的单位不属于中介机构，因此，需要增加兜底性规定。

视频讲解

## 第三十五条 【稽核制度】

会计机构内部应当建立稽核制度。

出纳人员不得兼任稽核、会计档案保管和收入、支出、费用、债权债务账目的登记工作。

◆ 本条来源 ◆

原法第三十七条。

◆ 立法演变 ◆

无变化。

### 一、规范意旨

本条规范会计机构内部稽核制度的建立,明确出纳人员不得兼任的工作内容。

### 二、稽核制度

根据《会计基础工作规范(征求意见稿)》第八十一条的相关规定,各单位应当建立健全稽核制度,主要内容包括:稽核工作的组织形式和具体分工;稽核工作的职责、权限;稽核工作的内容和方法等。

## 第三十六条 【会计人员的资格要求】

会计人员应当具备从事会计工作所需要的专业能力。

担任单位会计机构负责人(会计主管人员)的,应当具备会计师以上专业技术职务资格或者从事会计工作三年以上经历。

本法所称会计人员的范围由国务院财政部门规定。

#### ◆本条来源◆

原法第三十八条。

#### ◆立法演变◆

无变化。

#### ◆条文释义◆

### 一、规范意旨

本条规范会计人员的任职资格,明确会计机构负责人(会计主管人员）的资格要求。

## 二、会计人员

根据《会计人员管理办法》（财会〔2018〕33号）第二条的相关规定，会计人员，是指根据《中华人民共和国会计法》的规定，在国家机关、社会团体、公司、企业、事业单位和其他组织中从事会计核算、实行会计监督等会计工作的人员。会计人员包括从事下列具体会计工作的人员：

（一）出纳；

（二）稽核；

（三）资产、负债和所有者权益（净资产）的核算；

（四）收入、费用（支出）的核算；

（五）财务成果（政府预算执行结果）的核算；

（六）财务会计报告（决算报告）编制；

（七）会计监督；

（八）会计机构内会计档案管理；

（九）其他会计工作。

担任单位会计机构负责人（会计主管人员）、总会计师的人员，属于会计人员。

## 三、全国会计人员统一服务管理平台

为贯彻落实《中华人民共和国会计法》《会计改革与发展"十四五"规划纲要》（财会〔2021〕27号），提升会计人员管理效能和服务水平，财政部以加强组织领导、统筹协调，坚持系统谋划、整体推进，提升服务能力、数据共享为原则，建设了全国会计人员统一服务管理平台（以下简称全国统一平台）。全国

全国会计人员
统一服务管理平台

统一平台将于2024年9月26日上线试运行,2025年1月1日正式运行。自2024年9月26日起,各级财政部门、国管局等均在全国统一平台办理业务。

**四、专业技术职务资格**

根据《会计专业职务试行条例》(职改字〔1986〕第55号)第三条的相关规定,会计专业职务名称定为:高级会计师、会计师、助理会计师、会计员。高级会计师为高级职务,会计师为中级职务,助理会计师、会计员为初级职务。

根据《会计专业技术资格考试暂行规定》(财会〔2000〕11号)第五条的相关规定,会计专业技术资格分为:初级资格、中级资格和高级资格。

取得初级资格,单位可根据有关规定按照下列条件聘任相应的专业技术职务:

(一)助理会计师:大专毕业担任会计员职务满2年;中专毕业担任会计员职务满4年;不具备规定学历,担任会计员职务满5年。

(二)不符合上述条件的人员,只可聘任会计员职务。

取得中级资格并符合国家有关规定,可聘任会计师职务。

高级资格(高级会计师资格)实行考试与评审结合的评价制度,具体办法另行规定。

## 第三十七条 【会计人员的职业素养】

会计人员应当遵守职业道德,提高业务素质,严格遵守国家有关保密规定。对会计人员的教育和培训工作应当加强。

**本条来源**

原法第三十九条。

## ✦ 立法演变 ✦

新增会计人员保密要求。

| 修改前 | 修改后 |
| --- | --- |
| 第三十九条 会计人员应当遵守职业道德，提高业务素质。对会计人员的教育和培训工作应当加强。 | 第三十七条 会计人员应当遵守职业道德，提高业务素质，**严格遵守国家有关保密规定**。对会计人员的教育和培训工作应当加强。 |

## ✦ 条文释义 ✦

### 一、规范意旨

本条规范会计人员的职业素养，明确职业道德、业务素质、保守秘密和教育培训要求。

### 二、会计人员职业道德

根据《会计人员职业道德规范》（财会〔2023〕1号）的相关规定，会计人员应当遵守"三坚三守"的职业道德规范。具体而言，一是坚持诚信，守法奉公。牢固树立诚信理念，以诚立身、以信立业，严于律己、心存敬畏。学法知法守法，公私分明、克己奉公，树立良好职业形象，维护会计行业声誉。二是坚持准则，守责敬业。严格执行准则制度，保证会计信息真实完整。勤勉尽责、爱岗敬业，忠于职守、敢于斗争，自觉抵制会计造假行为，维护国家财经纪律和经济秩序。三是坚持学习，守正创新。始终秉持专业精神，勤于学习、锐意进取，持续提升会计专业能力。不断适应新形势新要求，与时俱进、开拓创新，努力推动会计事业高质量发展。

### 三、修改依据

新增会计人员保密要求是落实会计信息安全要求的具体举措。

视频讲解

## 第三十八条 【终身禁业】

因有提供虚假财务会计报告，做假账，隐匿或者故意销毁会计凭证、会计账簿、财务会计报告，贪污，挪用公款，职务侵占等与会计职务有关的违法行为被依法追究刑事责任的人员，不得再从事会计工作。

◆ 本条来源 ◆

原法第四十条。

◆ 立法演变 ◆

无变化。

◆ 条文释义 ◆

### 一、规范意旨

本条规范会计人员的终身禁业，明确不得再从事会计工作的情形。

### 二、与会计职务有关的违法行为

与会计职务有关的违法行为包括：提供虚假财务会计报告，做假账，隐匿或者故意销毁会计凭证、会计账簿、财务会计报告，贪污，挪用公款，职务侵占等。具体而言：

根据《中华人民共和国刑法》（2023年修正）第三百八十二条的

相关规定，国家工作人员利用职务上的便利，侵吞、窃取、骗取或者以其他手段非法占有公共财物的，是贪污罪。受国家机关、国有公司、企业、事业单位、人民团体委托管理、经营国有财产的人员，利用职务上的便利，侵吞、窃取、骗取或者以其他手段非法占有国有财物的，以贪污论。与前两款所列人员勾结，伙同贪污的，以共犯论处。

根据《中华人民共和国刑法》（2023年修正）第三百八十四条的相关规定，国家工作人员利用职务上的便利，挪用公款归个人使用，进行非法活动的，或者挪用公款数额较大、进行营利活动的，或者挪用公款数额较大、超过三个月未还的，是挪用公款罪。挪用用于救灾、抢险、防汛、优抚、扶贫、移民、救济款物归个人使用的，从重处罚。

根据《中华人民共和国刑法》（2023年修正）第二百七十一条和第二百七十二条的相关规定，公司、企业或者其他单位的工作人员，利用职务上的便利，将本单位财物非法占为己有，数额较大的，以及挪用本单位资金归个人使用或者借贷给他人，数额较大、超过三个月未还的，或者虽未超过三个月，但数额较大、进行营利活动的，或者进行非法活动的，均需承担刑事法律责任。

## 第三十九条 【工作交接】

会计人员调动工作或者离职，必须与接管人员办清交接手续。

一般会计人员办理交接手续，由会计机构负责人（会计主管人员）监交；会计机构负责人（会计主管人员）办理交接手续，由单位负责人监交，必要时主管单位可以派人会同监交。

◆ 本条来源 ◆

原法第四十一条。

◆ 立法演变 ◆

无变化。

## 条文释义

### 一、规范意旨

本条规范会计工作的交接手续，明确办理会计工作交接手续的监交要求。

### 二、移交清册

移交清册是指在会计人员因各种原因需要离职或调岗时，为了保障工作的顺利交接，详细列明所移交会计资料、物品等的清单。它是一个详细的书面文件，记录了移交的具体内容，以确保工作的连续性及资料的完整性。

# 第五章

# 法律责任

新会计法系列
解读之六

## 第四十条 【一般会计违法行为的法律责任】

违反本法规定，有下列行为之一的，由县级以上人民政府财政部门责令限期改正，给予警告、通报批评，对单位可以并处二十万元以下的罚款，对其直接负责的主管人员和其他直接责任人员可以处五万元以下的罚款；情节严重的，对单位可以并处二十万元以上一百万元以下的罚款，对其直接负责的主管人员和其他直接责任人员可以处五万元以上五十万元以下的罚款；属于公职人员的，还应当依法给予处分：

（一）不依法设置会计账簿的；

（二）私设会计账簿的；

（三）未按照规定填制、取得原始凭证或者填制、取得的原始凭证不符合规定的；

（四）以未经审核的会计凭证为依据登记会计账簿或者登记会计账簿不符合规定的；

（五）随意变更会计处理方法的；

（六）向不同的会计资料使用者提供的财务会计报告编制依据不一致的；

（七）未按照规定使用会计记录文字或者记账本位币的；

（八）未按照规定保管会计资料，致使会计资料毁损、灭失的；

（九）未按照规定建立并实施单位内部会计监督制度或者拒绝依法实施的监督或者不如实提供有关会计资料及有关情况的；

（十）任用会计人员不符合本法规定的。

有前款所列行为之一，构成犯罪的，依法追究刑事责任。

会计人员有第一款所列行为之一，情节严重的，五年内不得从事会计工作。

有关法律对第一款所列行为的处罚另有规定的，依照有关法律的规定办理。

### 本条来源

原法第四十二条。

### 立法演变

提高行政处罚标准，修改行政处罚和政务处分的表述。

| 修改前 | 修改后 |
| --- | --- |
| 第四十二条 违反本法规定，有下列行为之一的，由县级以上人民政府财政部门责令限期改正，可以对单位并处三千元以上五万元以下的罚款；对其直接负责的主管人员和其他直接责任人员，可以处二千元以上二万元以下的罚款；属于国家工作人员的，还应当由其所在单位或者有关单位依法给予行政处分： | 第四十条 违反本法规定，有下列行为之一的，由县级以上人民政府财政部门责令限期改正，给予警告、通报批评，对单位可以并处二十万元以下的罚款，对其直接负责的主管人员和其他直接责任人员可以处五万元以下的罚款；情节严重的，对单位可以并处二十万元以上一百万元以下的罚款，对其直接负责的主管人员和其他直接责任人员可以处五万元以上五十万元以下的罚款；属于公职人员的，还应当依法给予处分： |

| 修改前 | 修改后 |
| --- | --- |
| （一）不依法设置会计帐簿的；<br>（二）私设会计帐簿的；<br>（三）未按照规定填制、取得原始凭证或者填制、取得的原始凭证不符合规定的；<br>（四）以未经审核的会计凭证为依据登记会计帐簿或者登记会计帐簿不符合规定的；<br>（五）随意变更会计处理方法的；<br>（六）向不同的会计资料使用者提供的财务会计报告编制依据不一致的；<br>（七）未按照规定使用会计记录文字或者记帐本位币的；<br>（八）未按照规定保管会计资料，致使会计资料毁损、灭失的；<br>（九）未按照规定建立并实施单位内部会计监督制度或者拒绝依法实施的监督或者不如实提供有关会计资料及有关情况的；<br>（十）任用会计人员不符合本法规定的。<br>　　有前款所列行为之一，构成犯罪的，依法追究刑事责任。<br>　　会计人员有第一款所列行为之一，情节严重的，五年内不得从事会计工作。<br>　　有关法律对第一款所列行为的处罚另有规定的，依照有关法律的规定办理。 | （一）不依法设置会计账簿的；<br>（二）私设会计账簿的；<br>（三）未按照规定填制、取得原始凭证或者填制、取得的原始凭证不符合规定的；<br>（四）以未经审核的会计凭证为依据登记会计账簿或者登记会计账簿不符合规定的；<br>（五）随意变更会计处理方法的；<br>（六）向不同的会计资料使用者提供的财务会计报告编制依据不一致的；<br>（七）未按照规定使用会计记录文字或者记账本位币的；<br>（八）未按照规定保管会计资料，致使会计资料毁损、灭失的；<br>（九）未按照规定建立并实施单位内部会计监督制度或者拒绝依法实施的监督或者不如实提供有关会计资料及有关情况的；<br>（十）任用会计人员不符合本法规定的。<br>　　有前款所列行为之一，构成犯罪的，依法追究刑事责任。<br>　　会计人员有第一款所列行为之一，情节严重的，五年内不得从事会计工作。<br>　　有关法律对第一款所列行为的处罚另有规定的，依照有关法律的规定办理。 |

| 新旧对比 | 对单位 | | 对个人 | |
|---|---|---|---|---|
| | 情节较轻 | 情节较重 | 情节较轻 | 情节较重 |
| 修改前 | 0.3万~5万元 | | 0.2万~2万元 | |
| 修改后 | 20万元以下 | 20万~100万元 | 5万元以下 | 5万~50万元 |

### ◆ 条文释义 ◆

#### 一、规范意旨

本条规范一般会计违法行为的法律责任，明确一般会计违法行为的认定以及需要承担的行政责任、刑事责任。

#### 二、公职人员

根据《中华人民共和国公职人员政务处分法》（2020年）第二条的相关规定，公职人员是指《中华人民共和国监察法》（2018年）第十五条规定的人员。

根据《中华人民共和国监察法》（2018年）第十五条的相关规定，监察机关对下列公职人员和有关人员进行监察：（一）中国共产党机关、人民代表大会及其常务委员会机关、人民政府、监察委员会、人民法院、人民检察院、中国人民政治协商会议各级委员会机关、民主党派机关和工商业联合会机关的公务员，以及参照《中华人民共和国公务员法》管理的人员；（二）法律、法规授权或者受国家机关依法委托管理公共事务的组织中从事公务的人员；（三）国有企业管理人员；（四）公办的教育、科研、文化、医疗卫生、体育等单位中从事管理的人员；（五）基层群众性自治组织中从事管理的人员；（六）其他依法履行公职的人员。

#### 三、修改依据

一是根据《中华人民共和国行政处罚法》（2021年修订）第九条的相关规定，修改行政处罚的表述。

二是贯彻落实《国务院办公厅关于进一步规范财务审计秩序促进注册会计师行业健康发展的意见》（国办发〔2021〕30号）关于"大幅提高处罚标准，加大财务造假法律责任追究力度"的要求，提高罚款数额。

视频讲解

三是根据《中华人民共和国公职人员政务处分法》（2020年）第七条的相关规定，修改政务处分的表述。

## 第四十一条 【财务造假的法律责任】

伪造、变造会计凭证、会计账簿，编制虚假财务会计报告，隐匿或者故意销毁依法应当保存的会计凭证、会计账簿、财务会计报告的，由县级以上人民政府财政部门责令限期改正，给予警告、通报批评，没收违法所得，违法所得二十万元以上的，对单位可以并处违法所得一倍以上十倍以下的罚款，没有违法所得或者违法所得不足二十万元的，可以并处二十万元以上二百万元以下的罚款；对其直接负责的主管人员和其他直接责任人员可以处十万元以上五十万元以下的罚款，情节严重的，可以处五十万元以上二百万元以下的罚款；属于公职人员的，还应当依法给予处分；其中的会计人员，五年内不得从事会计工作；构成犯罪的，依法追究刑事责任。

──◆ **本条来源** ◆──

原法第四十三条、第四十四条。

──◆ **立法演变** ◆──

提高行政处罚标准，将原法第四十三条和第四十四条合并，修改行政处罚和政务处分的表述。

| 修改前 | 修改后 |
|---|---|
| **第四十三条** 伪造、变造会计凭证、会计帐簿，编制虚假财务会计报告，构成犯罪的，依法追究刑事责任。<br><br>~~有前款行为，尚不构成犯罪的，~~由县级以上人民政府财政部门予以通报，可以对单位并处~~五千元以上十万元以下的罚款~~；对其直接负责的主管人员和其他直接责任人员，可以处~~三千元以上五万元以下的罚款~~；属于~~国家工作人员的~~，还应当~~由其所在单位或者有关单位依法给予~~撤职直至开除的行政处分；其中的会计人员，五年内不得从事会计工作。<br><br>**第四十四条** 隐匿或者故意销毁依法应当保存的会计凭证、会计帐簿、财务会计报告，构成犯罪的，依法追究刑事责任。<br><br>~~有前款行为，尚不构成犯罪的，~~由县级以上人民政府财政部门予以通报，可以对单位并处~~五千元以上十万元以下的罚款~~；对其直接负责的主管人员和其他直接责任人员，可以处~~三千元以上五万元以下的罚款~~；属于~~国家工作人员的~~，还应当~~由其所在单位或者有关单位依法给予~~撤职直至开除的行政处分；其中的会计人员，五年内不得从事会计工作。 | **第四十一条** 伪造、变造会计凭证、会计账簿，编制虚假财务会计报告，隐匿或者故意销毁依法应当保存的会计凭证、会计账簿、财务会计报告的，由县级以上人民政府财政部门责令限期改正，**给予警告、通报批评，没收违法所得**，违法所得二十万元以上的，对单位可以**并处违法所得一倍以上十倍以下的罚款**，没有违法所得或者违法所得不足二十万元的，可以并处二十万元以上二百万元以下的罚款；对其直接负责的主管人员和其他直接责任人员可以处**十万元以上五十万元以下**的罚款，情节严重的，可以处**五十万元以上二百万元以下**的罚款；属于**公职人员**的，还应当依法给予处分；其中的会计人员，五年内不得从事会计工作；构成犯罪的，依法追究刑事责任。 |

| 新旧对比 | 对单位 | 对个人 | |
|---|---|---|---|
| | | 情节较轻 | 情节较重 |
| 修改前 | 0.5万~10万元 | 0.3万~5万元 | |
| 修改后 | 违法所得20万元以上，并处1~10倍罚款；无违法所得或违法所得不足20万元，并处20万~200万元罚款 | 10万~50万元 | 50万~200万元 |

## 条文释义

### 一、规范意旨

本条规范财务造假的法律责任，明确财务造假的认定以及需要承担的行政责任、刑事责任。

### 二、财务造假

会计法中并未使用"财务造假"这一概念，一般将严重违反会计法的行为认定为财务造假，比如"伪造、变造会计凭证、会计账簿，编制虚假财务会计报告，隐匿或者故意销毁依法应当保存的会计凭证、会计账簿、财务会计报告"。

### 三、修改依据

一是根据《中华人民共和国行政处罚法》（2021年修订）第九条的相关规定，修改行政处罚的表述。

二是贯彻落实《国务院办公厅关于进一步规范财务审计秩序促进注册会计师行业健康发展的意见》（国办发〔2021〕30号）关于"大幅提高处罚标准，

视频讲解

加大财务造假法律责任追究力度"的要求，与证券法对隐瞒重要事实或者编造重大虚假内容，虚假、误导性陈述或者重大遗漏等违法行为的处罚力度相衔接，增加倍数罚。

三是根据《中华人民共和国公职人员政务处分法》（2020年）第七条的相关规定，修改政务处分的表述。

## 第四十二条 【授意、指使、强令财务造假的法律责任】

授意、指使、强令会计机构、会计人员及其他人员伪造、变造会计凭证、会计账簿，编制虚假财务会计报告或者隐匿、故意销毁依法应当保存的会计凭证、会计账簿、财务会计报告的，由县级以上人民政府财政部门给予警告、通报批评，可以并处二十万元以上一百万元以下的罚款；情节严重的，可以并处一百万元以上五百万元以下的罚款；属于公职人员的，还应当依法给予处分；构成犯罪的，依法追究刑事责任。

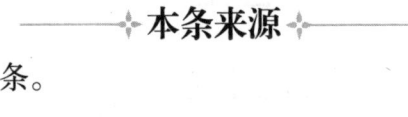

### 本条来源

原法第四十五条。

### 立法演变

提高行政处罚标准，修改行政处罚和政务处分的表述。

| 修改前 | 修改后 |
|---|---|
| **第四十五条** 授意、指使、强令会计机构、会计人员及其他人员伪造、变造会计凭证、会计帐簿，编制虚假财务会计报告或者隐匿、故意销毁依法应当保存的会计凭证、会计帐簿、财务会计报告，构成犯罪的，依法追究刑事责任；~~尚不构成犯罪的，~~可以处五千元以上五万元以下的罚款；属于国家工作人员的，还应当由其所在单位或者有关单位依法给予降级、~~撤职、开除的行政处分。~~ | **第四十二条** 授意、指使、强令会计机构、会计人员及其他人员伪造、变造会计凭证、会计账簿，编制虚假财务会计报告或者隐匿、故意销毁依法应当保存的会计凭证、会计账簿、财务会计报告的，由县级以上人民政府财政部门**给予警告、通报批评**，可以并处**二十万元以上一百万元以下**的罚款；**情节严重的，可以并处一百万元以上五百万元以下的罚款**；属于公职人员的，还应当依法给予处分；构成犯罪的，依法追究刑事责任。 |

| 新旧对比 | 对单位、个人 ||
|---|---|---|
|  | 情节较轻 | 情节较重 |
| 修改前 | 0.5万~5万元 ||
| 修改后 | 20万~100万元 | 100万~500万元 |

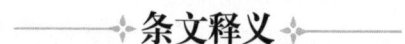
条文释义

### 一、规范意旨

本条规范授意、指使、强令财务造假的法律责任，明确个人需要承担的行政责任、刑事责任。

## 二、授意、指使、强令

授意，是指行为人通过暗示方式让会计机构、会计人员及其他人员伪造、变造会计凭证、会计账簿，编制虚假财务会计报告或者隐匿、故意销毁依法应当保存的会计凭证、会计账簿、财务会计报告的行为。

指使，是指行为人利用职权或者特殊的地位通过明示方式，要求会计机构、会计人员及其他人员伪造、变造会计凭证、会计账簿，编制虚假财务会计报告或者隐匿、故意销毁依法应当保存的会计凭证、会计账簿、财务会计报告的行为。

强令，是指明知其命令是违法的，而利用职权强迫会计机构、会计人员及其他人员执行其命令，实施伪造、变造会计凭证、会计账簿，编制虚假财务会计报告或者隐匿、故意销毁依法应当保存的会计凭证、会计账簿、财务会计报告的行为。

## 三、修改依据

一是根据《中华人民共和国行政处罚法》（2021年修订）第九条的相关规定，修改行政处罚的表述。

二是贯彻落实《国务院办公厅关于进一步规范财务审计秩序促进注册会计师行业健康发展的意见》（国办发〔2021〕30号）关于"大幅提高处罚标准，加大财务造假法律责任追究力度"的要求，提高罚款数额。

视频讲解

三是根据《中华人民共和国公职人员政务处分法》（2020年）第七条的相关规定，修改政务处分的表述。

## 第四十三条 【打击报复的法律责任】

单位负责人对依法履行职责、抵制违反本法规定行为的会计人员以降级、撤职、调离工作岗位、解聘或者开除等方式实行打击报复的，依法给予处分；构成犯罪的，依法追究刑事责任。对受打击报复的会计人员，应当恢复其名誉和原有职务、级别。

———— ◆ 本条来源 ◆ ————

原法第四十六条。

———— ◆ 立法演变 ◆ ————

修改政务处分的表述。

| 修改前 | 修改后 |
| --- | --- |
| 第四十六条 单位负责人对依法履行职责、抵制违反本法规定行为的会计人员以降级、撤职、调离工作岗位、解聘或者开除等方式实行打击报复，构成犯罪的，依法追究刑事责任；~~尚不构成犯罪的，由其所在单位或者有关单位依法给予行政处分~~。对受打击报复的会计人员，应当恢复其名誉和原有职务、级别。 | 第四十三条 单位负责人对依法履行职责、抵制违反本法规定行为的会计人员以降级、撤职、调离工作岗位、解聘或者开除等方式实行打击报复的，依法给予处分；构成犯罪的，依法追究刑事责任。对受打击报复的会计人员，应当恢复其名誉和原有职务、级别。 |

———— ◆ 条文释义 ◆ ————

一、规范意旨

本条规范打击报复会计人员的法律责任，明确单位负责人不得打击报复会计人员，否则将承担行政责任、刑事责任。

## 二、打击报复会计、统计人员罪

根据《中华人民共和国刑法》（2023年修正）第二百五十五条的相关规定，公司、企业、事业单位、机关、团体的领导人，对依法履行职责、抵制违反会计法、统计法行为的会计、统计人员实行打击报复，情节恶劣的，处三年以下有期徒刑或者拘役。

视频讲解

## 三、修改依据

根据《中华人民共和国公职人员政务处分法》（2020年）第七条的相关规定，修改政务处分的表述。

# 第四十四条 【执法人员违法的法律责任】

财政部门及有关行政部门的工作人员在实施监督管理中滥用职权、玩忽职守、徇私舞弊或者泄露国家秘密、工作秘密、商业秘密、个人隐私、个人信息的，依法给予处分；构成犯罪的，依法追究刑事责任。

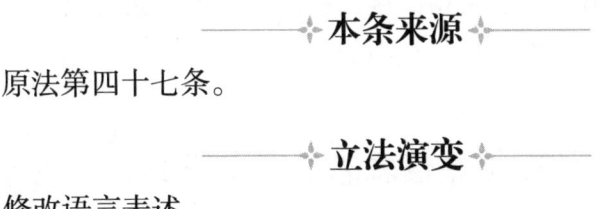

### ◆本条来源◆

原法第四十七条。

### ◆立法演变◆

修改语言表述。

| 修改前 | 修改后 |
| --- | --- |
| 第四十七条　财政部门及有关行政部门的工作人员在实施监督管理中滥用职权、玩忽职守、徇私舞弊或者泄露国家秘密、商业秘密，构成犯罪的，依法追究刑事责任；尚不构成犯罪的，依法给予行政处分。 | 第四十四条　财政部门及有关行政部门的工作人员在实施监督管理中滥用职权、玩忽职守、徇私舞弊或者泄露国家秘密、**工作秘密**、商业秘密、**个人隐私**、**个人信息**的，依法给予处分；构成犯罪的，依法追究刑事责任。 |

### ◆ 条文释义 ◆

**一、规范意旨**

本条规范执法人员违法的法律责任，明确财政部门及有关行政部门的工作人员在实施监督管理中不得有违法行为，否则将承担相应的行政责任、刑事责任。

视频讲解

**二、修改依据**

第四十四条与第三十二条相衔接，根据第三十二条的相关表述对第四十四条的语言表述进行修改，保持前后一致。

## 第四十五条 【泄露检举信息的法律责任】

违反本法规定，将检举人姓名和检举材料转给被检举单位和被检举人个人的，依法给予处分。

◆ 本条来源 ◆

原法第四十八条。

## 立法演变

修改语言表述。

| 修改前 | 修改后 |
| --- | --- |
| 第四十八条 违反本法第三十条规定,将检举人姓名和检举材料转给被检举单位和被检举人个人的,~~由所在单位或者有关单位~~依法给予~~行政~~处分。 | 第四十五条 违反本法规定,将检举人姓名和检举材料转给被检举单位和被检举人个人的,依法给予处分。 |

## 条文释义

### 一、规范意旨

本条规范泄露检举信息的法律责任,明确将检举人姓名和检举材料转给被检举单位和被检举人个人的,将被依法处分。

### 二、修改依据

根据《中华人民共和国公职人员政务处分法》(2020年)第七条的相关规定,修改政务处分的表述。

视频讲解

## 第四十六条 【与行政处罚法的衔接】

违反本法规定,但具有《中华人民共和国行政处罚法》规定的从轻、减轻或者不予处罚情形的,依照其规定从轻、减轻或者不予处罚。

### ✦ 本条来源 ✦

《中华人民共和国行政处罚法》第三十二条。

### ✦ 立法演变 ✦

新增条款。

### ✦ 条文释义 ✦

#### 一、规范意旨

本条规范会计法与行政处罚法的衔接，明确从轻、减轻或者不予处罚的情形。

#### 二、从轻、减轻行政处罚

根据《中华人民共和国行政处罚法》（2021年修订）第三十二条的相关规定，当事人有下列情形之一，应当从轻或者减轻行政处罚：

（一）主动消除或者减轻违法行为危害后果的；

（二）受他人胁迫或者诱骗实施违法行为的；

（三）主动供述行政机关尚未掌握的违法行为的；

（四）配合行政机关查处违法行为有立功表现的；

（五）法律、法规、规章规定其他应当从轻或者减轻行政处罚的。

#### 三、不予行政处罚

根据《中华人民共和国行政处罚法》（2021年修订）第三十三条的相关规定，违法行为轻微并及时改正，没有造成危害后果的，不予行政处罚。初次违法且危害后果轻微并及时改正的，可以不予行政处罚。

当事人有证据足以证明没有主观过错的，不予行政处罚。法律、行政法规另有规定的，从其规定。

对当事人的违法行为依法不予行政处罚的,行政机关应当对当事人进行教育。

**四、修改依据**

实现会计法与行政处罚法的有效衔接,处罚不是目的,而是为了纠正和预防行政违法行为。

视频讲解

## 第四十七条 【信用记录与法条竞合】

因违反本法规定受到处罚的,按照国家有关规定记入信用记录。

违反本法规定,同时违反其他法律规定的,由有关部门在各自职权范围内依法进行处罚。

✦ 本条来源 ✦

原法第四十九条。

✦ 立法演变 ✦

新增信用记录要求。

| 修改前 | 修改后 |
|---|---|
| 第四十九条 违反本法规定,同时违反其他法律规定的,由有关部门在各自职权范围内依法进行处罚。 | 第四十七条 因违反本法规定受到处罚的,按照国家有关规定记入信用记录。<br>违反本法规定,同时违反其他法律规定的,由有关部门在各自职权范围内依法进行处罚。 |

## 条文释义

### 一、规范意旨

本条规范会计违法行为的信用记录与法条竞合,明确行政处罚记入信用记录。

### 二、信用记录

根据《中华人民共和国行政处罚法》(2021年修订)第四十八条的相关规定,具有一定社会影响的行政处罚决定应当依法公开。但并不是所有处罚都予以公开。

新会计法系列
解读之七

### 三、法条竞合

法条竞合,指一个违法行为同时触犯数个具有包容关系的具体法律条文,依法只适用其中一个法条定罪量刑的情况。

根据《中华人民共和国行政处罚法》(2021年修订)第二十九条的相关规定,对当事人的同一个违法行为,不得给予两次以上罚款的行政处罚。同一个违法行为违反多个法律规范应当给予罚款处罚的,按照罚款数额高的规定处罚。

### 四、修改依据

在第四十七条中增加"因违反本法规定受到处罚的,按照国家有关规定记入信用记录",是顺应经济社会发展新形势新变化,全面贯彻落实党中央、国务院关于推进社会信用体系建设决策部署的具体举措,为加强会计诚信建设,推动信用记录互联互通提供了坚实的法律基础,有利于严格会计人员自我约束,进一步提升会计信息质量,推进国家治理体系和治理能力现代化。

视频讲解

# 第六章

# 附　则

## 第四十八条 【用语含义】

本法下列用语的含义：

单位负责人，是指单位法定代表人或者法律、行政法规规定代表单位行使职权的主要负责人。

国家统一的会计制度，是指国务院财政部门根据本法制定的关于会计核算、会计监督、会计机构和会计人员以及会计工作管理的制度。

### ◆本条来源◆

原法第五十条。

### ◆立法演变◆

无变化。

### ◆条文释义◆

**一、规范意旨**

本条规范用语含义，明确单位负责人和国家统一的会计制度的具体含义。

**二、法定代表人**

根据《中华人民共和国民法典》（2020）第六十一条的相关规定，

依照法律或者法人章程的规定，代表法人从事民事活动的负责人，为法人的法定代表人。这就是说，作为法定代表人必须是法人组织的负责人，能够代表法人行使职权。法定代表人可以由厂长、经理担任，也可以由董事长、理事长担任，这主要看法律或章程如何规定。

## 第四十九条 【军队会计】

中央军事委员会有关部门可以依照本法和国家统一的会计制度制定军队实施国家统一的会计制度的具体办法，抄送国务院财政部门。

### 本条来源

原法第八条第三款。

### 立法演变

修改了语言表述。

| 修改前 | 修改后 |
| --- | --- |
| 第八条第三款 中国人民解放军总后勤部可以依照本法和国家统一的会计制度制定军队实施国家统一的会计制度的具体办法，报国务院财政部门备案。 | 第四十九条 中央军事委员会有关部门可以依照本法和国家统一的会计制度制定军队实施国家统一的会计制度的具体办法，抄送国务院财政部门。 |

### 条文释义

一、规范意旨

本条规范军队会计，明确军队实施国家统一的会计制度的具体办法的制定权与制定依据。

视频讲解

## 二、修改依据

根据当前军队改革以及立法法规定,军事规章不需要向国务院有关部门备案。

## 第五十条 【个体工商户】

个体工商户会计管理的具体办法,由国务院财政部门根据本法的原则另行规定。

◆ 本条来源 ◆

原法第五十一条。

◆ 立法演变 ◆

无变化。

◆ 条文释义 ◆

### 一、规范意旨

本条规范个体工商户会计管理具体办法的制定权,明确个体工商户会计管理的具体办法,由国务院财政部门根据本法的原则另行规定。

### 二、个体工商户

根据《中华人民共和国民法典》(2020)第五十四条的相关规定,自然人从事工商业经营,经依法登记,为个体工商户。

## 第五十一条 【施行时间】

本法自2000年7月1日起施行。

━━━◆ 本条来源 ◆━━━

原法第五十二条。

━━━◆ 立法演变 ◆━━━

无变化。

━━━◆ 条文释义 ◆━━━

### 一、规范意旨

本条规范会计法的施行时间，明确会计法自2000年7月1日起施行。

### 二、施行时间

采用"修正"形式修改法律后，由于涉及的只是部分条文内容，在通过的修改决定中只规定修改决定的施行时间，该法律的原施行时间不变，如1985年通过的《中华人民共和国会计法》第三十一条"本法自一九八五年五月一日起施行"，后虽经1993年修正，该条内容始终未修改（日期表现形式修改为阿拉伯数字）。而采用"修订"形式修改法律后，由于修改的内容较多，整部法律的施行时间需要重新规定，如《中华人民共和国会计法》经1999年修订后，该条内容修改为"本法自2000年7月1日起施行。"

关于新会计法施行时间的说明

第二部分

# 新会计法百问百答

# 关于修法背景

## 【问题001】 2024年会计法修改是修订还是修正？

修正。具体来说，"修正"与"修订"的区别要点是：

一是法律修改的前提条件不同。"修正"的适用前提是法律的某些方面、某个部分或者某些条款、某些词句不能适应经济社会发展和法治建设的需要；而"修订"的适用前提，是法律的调整对象发生重大变化，需要通过全面修改来适应变化较大的新情况。

新会计法施行，一个重要概念亟须厘清

二是修改范围和内容不同。"修正"的修改范围相对较小，一般是对现行法律的某些方面、某个部分乃至个别条款、词句进行修改；而"修订"的修改范围比较大，包括对有关法律原则条文的修改和创制，法律的调整对象发生变化或者适用范围需要扩大或缩小，在重要制度方面需要作出新的调整或修改等。

三是用国家主席令公布时的表现形式不同。以"修正"形式进行法律修改后，以国家主席令公布的法律文本是"关于修改××法的决定"，修改决定中的表述为"××法根据本决定作相应修改并对条文顺序作相应调整，重新公布"。修改决定之后附法律修正文本，即将原法律根据这一决定作相应的修改予以重新公布。这

视频讲解

种做法是国家主席令间接公布法律文本。而以"修订"形式进行法律修改后，以国家主席令公布的法律文本是"××法"，即将修改后的条文直接重新全文公布。这种做法是国家主席令直接公布法律文本。

四是修改后的施行时间不同。采用"修正"形式修改法律后，由于涉及的只是部分条文内容，在通过的修改决定中只规定修改决定的施行时间，该法律的原施行时间不变，如1985年通过的会计法第三十一条规定"本法自一九八五年五月一日起施行"，后虽经1993年修正，该条内容始终未修改（日期表现形式修改为阿拉伯数字）。而采用"修订"形式修改法律后，由于修改的内容较多，整部法律的施行时间需要重新规定，如会计法经1999年修订后，该条内容修改为"本法自2000年7月1日起施行。"

## 【问题002】 2024年会计法修正的思路和原则中提及"着力解决会计工作中的突出问题"，其中的突出问题具体指什么？

会计工作中的突出问题之一就是原会计法的处罚标准偏低，难以对会计违法行为形成有效震慑。这主要体现在两个方面：

一是违法成本与涉案金额显著不匹配。以医药企业会计信息质量检查公告为例，财政部会同国家医保局于2019年对77家医药企业实施会计信息质量检查，发现19家医药企业存在使用虚假发票或票据套取资金体外使用、虚构业务事项或利用医药推广公司套取资金和账簿设置不规范等问题，涉及金额高达12亿元。但是，依据原会计法第四十二条的相关规定，对医药企业违法行为的顶格处罚金额仅为5万元。最终，财政部依法对19家医药企业违法行为分别处罚3万元或5万元，处罚金额共计81万元。尽管新闻媒体已对

【CCTV新闻直播间】财政部会计信息质量检查公告发布对19家医药企业作出行政处罚

财政部依据会计法相关条款实施顶格处罚进行了强调和解释，但社会公众质疑处罚力度不足的声音仍不绝于耳。

**二是原会计法的处罚标准难以与其他法律相衔接。**原会计法对单位财务造假的处罚标准是五千元以上十万元以下的罚款；注册会计师法对中介机构审计造假的处罚标准是没收违法所得，并处违法所得一倍以上五倍以下的罚款；证券法对上市公司信息披露造假的处罚标准是一百万元以上一千万元以下的罚款。当因财务造假同时追究会计责任、审计责任、信息披露责任时，原会计法相对较低的处罚标准容易导致财务造假罚款金额显著低于审计造假和信息披露造假罚款金额。比如，2023年3月，财政部依法对华融和德勤财务和审计造假问题予以处罚。依据原会计法第四十三条的规定，财政部对华融及其7家子公司处以10万元罚款的顶格行政处罚，对相关责任人分别给予了几万元罚款的行政处罚。对德勤总所给予警告，暂停德勤北京分所经营业务3个月，没收德勤违法所得并处5倍罚款（约2.12亿元）。对两者的处罚数额相差太大，引发社会广泛关注。

## 【问题003】 会计违法行为是否可能触犯刑法？

是。根据新会计法第四十条至第四十四条的相关规定，"构成犯罪的，依法追究刑事责任"。比如，根据《中华人民共和国刑法》（2023年修正）第一百六十二条之一的相关规定，如果当事人犯有隐匿或者故意销毁应当依法保存的会计凭证、会计帐簿、财务会计报告，情节严重的，处五年以下有期徒刑或者拘役，并处或者单处二万元以上二十万元以下罚金。单位犯前款罪的，对单位判处罚金，并对其直接负责的主管人员和其他直接责任人员，依照前款的规定处罚。

# 关于"第一章 总则"

## 【问题004】 会计法的立法目的是什么？

规范会计行为，保证会计资料真实、完整，加强经济管理和财务管理，提高经济效益，维护社会主义市场经济秩序。

## 【问题005】 会计资料指什么？

会计资料是指记录和反映单位实际发生的经济业务活动的专业性资料，包括会计凭证、会计账簿、财务会计报告和其他会计资料。其他会计资料包括银行存款余额调节表、银行对账单、纳税申报表、会计档案销毁清册等。

## 【问题006】 为何在第二条中增加"会计工作应当贯彻落实党和国家路线方针政策、决策部署，维护社会公共利益，为国民经济和社会发展服务"？

新会计法在第二条中增加"会计工作应当贯彻落实党和国家路线方针政策、决策部署，维护社会公共利益，为国民经济和社会发展服务"，进一步明确了会计工作应遵循的基本原则、应发挥的基础作用，这既是对党领导会计事业具体实践的历史性总结，也为

视频讲解

我国未来持续推进会计改革与发展明确了根本方向。

## 【问题007】 会计法的适用对象有哪些？

会计法的适用对象包括国家机关、社会团体、公司、企业、事业单位和其他组织六类会计主体。

## 【问题008】 公司和企业有什么区别和联系？

企业组织形式主要有独资企业、合伙企业和公司制企业三种形式。公司是企业存在的形态和类型之一。

## 【问题009】 外商在华全资子公司是否适用会计法？

是。根据《中华人民共和国外商投资法》（2019年）第三十二条的相关规定，外商投资企业在华开展生产经营活动时，必须遵守法律、行政法规有关会计的规定，办理税收、会计等事宜，并接受相关主管部门的监督检查。

【CCTV新闻直播间】
财政部首次作出跨境监管行政处罚

## 【问题010】 工会组织是否适用会计法？

是。工会组织属于六类核算对象中的社会团体。虽然工会组织拥有专门的《工会会计制度》（财会〔2021〕7号），但是，《工会会计制度》是根据《中华人民共和国会计法》《中华人民共和国工会法》等法律法规制定的，《中华人民共和国会计法》是《工会会计制度》的上位法。因此，工会组织适用会计法。

【问题011】 教堂等宗教活动场所是否适用会计法?

是。教堂等宗教活动场所属于六类核算对象中的社会团体。虽然教堂等宗教活动场所拥有专门的《宗教活动场所财务管理办法》(国家宗教事务局令第18号),但是,《宗教活动场所财务管理办法》是根据《中华人民共和国会计法》《宗教事务条例》等有关规定制定的,《中华人民共和国会计法》是《宗教活动场所财务管理办法》的上位法。因此,教堂等宗教活动场所适用会计法。

宗教活动场所还包括按照《宗教事务条例》等规定登记的寺院、宫观、清真寺和其他固定宗教活动处所。

【问题012】 街道办事处是否适用会计法?

是。街道办事处为市辖区、不设区的市人民政府的派出机关,属于六类核算对象中的国家机关。

【问题013】 会计师事务所是否适用会计法?

是。目前会计师事务所一般采用合伙制或者公司制,属于六类核算对象中的企业。

【问题014】 农村集体经济组织是否适用会计法?

是。农村集体经济组织是其他组织的一种,属于六类核算对象中的其他组织。

其他组织还包括基金会、社会服务机构、城镇农村的合作经济组织、基层群众性自治组织等。

视频讲解

## 【问题015】 是否可以用明细账代替日记账？

不可以。会计账簿按其不同用途，可以分为总账、明细账、日记账和其他辅助性账簿。明细账，也称明细分类账，是按明细分类账户开设的、用来分类登记某类经济业务详细情况、提供明细核算资料的账簿。日记账又称序时账，是按经济业务发生和完成时间的先后顺序进行登记的账簿。日记账和明细账在会计记录中扮演着不同的角色。日记账是记录账目信息的原始凭证，而明细账则是根据日记账记录的账目进行分类记载归总，以汇总余额的形式呈现。

根据《会计基础工作规范（征求意见稿）》第四十四条的相关规定，现金日记账和银行存款日记账必须采用订本式账簿，不得用银行对账单或其他方法代替。这一规定强调了日记账在会计记录中的基础性和原始性，进一步说明了明细账不能作为日记账的替代品。

## 【问题016】 "两套账"和"阴阳财务报表"是否有区别？

"两套账"指的是会计账簿，"阴阳财务报表"指的是财务会计报告。

## 【问题017】 经理可以是单位负责人吗？

根据《中华人民共和国公司法》（2023年修订）第十条的相关规定，公司的法定代表人按照公司章程的规定，由代表公司执行公司事务的董事或者经理担任。根据新会计法第四十八条的相关规定，单位负责人是指单位法定代表人或者法律、行政法规规定代表单位行使职权的主要负责人。所以，经理可以是单位负责人。

## 【问题018】 在合伙企业中谁是单位负责人？

在合伙企业中，单位负责人是执行事务合伙人。

根据新会计法第四十八条的相关规定，单位负责人是指单位法定代表人或者法律、行政法规规定代表单位行使职权的主要负责人。合伙企业不是法人，因此没有法定代表人。在合伙企业中，执行事务合伙人符合主要负责人的定义，因为执行事务合伙人负责执行合伙事务，具有代表合伙企业行使职权的责任。执行事务合伙人负责代表合伙企业对外进行经营活动，其职务和行为类似于法人代表，但实际上并不等同于法定代表人。执行事务合伙人的行为对合伙企业产生法律后果，但这些后果是由全体合伙人共同承担的。

## 【问题019】 为何要求单位负责人对本单位的会计工作和会计资料的真实性、完整性负责？

单位负责人是财务会计报告信息披露等会计工作的实际决策者，按照权责匹配原则，单位负责人理应对本单位的会计工作和会计资料的真实性、完整性负责。

## 【问题020】 对会计人员进行打击报复，是否构成刑事犯罪？

对会计人员进行打击报复，很可能构成打击报复会计、统计人员罪。根据《中华人民共和国刑法》（2023年修订）第二百五十五条的相关规定，公司、企业、事业单位、机关、团体的领导人，对依法履行职责、抵制违反会计法、统计法行为的会计、统计人员实行打击报复，情节恶劣的，处三年以下有期徒刑或者拘役。

视频讲解

## 【问题021】 如果会计人员在依法履行职责、抵制违反会计法规定行为的过程中遭受打击报复，应该怎么办？

对依法履行职责、抵制违反会计法规定行为的会计人员进行打击报复是违法的，轻则将受到行政处罚，重则将受到刑事处罚。如果会计人员在依法履行职责、抵制违反会计法规定行为的过程中遭受打击报复，应当坚决利用法律武器维护自身权益，积极向监督部门举报。

视频讲解

## 【问题022】 全国先进会计工作者评选范围和条件是什么？

根据《全国先进会计工作者评选表彰办法》（财会〔2007〕7号）第四条的相关规定，全国先进会计工作者评选范围包括：在国家机关、企业、事业单位、社会团体和其他经济组织中持有会计从业资格证书、从事会计工作的人员，以及从事会计事务管理、会计科研及教学、注册会计师业务的人员。

根据《全国先进会计工作者评选表彰办法》（财会〔2007〕7号）第五条的相关规定，凡认真执行会计法律、法规，模范遵守职业道德，忠于职守、坚持原则、诚实守信、爱岗敬业、廉洁奉公，在会计工作中做出显著成绩，在社会上、行业内得到广泛认同，并具备下列条件之一的会计工作者，均可参加评选：（一）在参与本单位重大经济事项预测、决策、控制、分析等方面卓有成效，为制定发展战略、加强经济管理、健全内部控制、提高经济效益做出重大贡献的；（二）在加强财务会计管理和制度建设方面有创新、有突破，取得显著效果，或在省级以上（含省级）范围内推广应用的；（三）长期工作在会计岗位第一线，爱岗敬业、任劳任怨，坚持原则、善于理财，并在认真执行会计基础工作规范，切实提高会计信息质量，充分发挥会计职能作用等方面业绩突出的；（四）在杜绝经济犯罪，避免铺张浪费，保护国家和公共财产，保护投资者、债权人、社会公众合法利益，维护社会主义市场经济秩序和国家财经纪律等方面事迹突出的；（五）在会计理论研究、教书育人方面卓有建树，取得重大科研成果，为构建我国会计理论和方法体系、发展会计教育事业做出突出贡献的；（六）在办理注册会计师业务中执业谨慎、勤勉尽责，努力维护行业形象和声誉，并为行业改革与发展做出显著成绩的；（七）除上述条件以外在会计工作中做出重大贡献的。

根据《全国先进会计工作者评选表彰办法》（财会〔2007〕7号）第六条的相关规定，因执业活动违法、违纪受过行政处罚或刑事处罚，或因直接过失给本单位造成不利后果和不良影响的会计工作者，不得参加评选。

## 【问题023】 会计工作管理体制指什么？

会计工作管理体制是指国家管理会计工作的组织形式和基本制度，包括管理机构的设置、职责范围的确定和管理职权的划分，是国家会计法律、法规、规章、制度和方针、政策得以贯彻落实的组织保障和制度保障。

我国会计工作的归口管理部门是国务院财政部门，财政部既是全国会计工作的管理机构（具体由会计司负责），同时也负责对全国会计工作进行监督检查（具体由监督评价局负责）。县级以上地方各级人民政府财政部门按照属地管辖原则，管理本行政区域内的会计工作。

## 【问题024】 县级人民政府财政部门是否有权管理央企设在该县的子公司？

根据新会计法第七条第二款的相关规定，县级以上地方各级人民政府财政部门管理本行政区域内的会计工作。按照属地管辖原则,县级人民政府财政部门有权管理央企设在该县的子公司,与行政级别无关。

## 【问题025】 为何新增国家加强会计信息化建设?

新增国家加强会计信息化建设,是贯彻落实《国务院办公厅关于进一步规范财务审计秩序促进注册会计师行业健康发展的意见》(国办发〔2021〕30号)关于"推动加快修订会计法,进一步明确会计核算、内部控制、信息化建设等要求"的具体举措。

视频讲解

## 【问题026】 国家统一的会计制度有哪些?

国家统一的会计制度是指国务院财政部门根据会计法制定的关于会计核算、会计监督、会计机构和会计人员以及会计工作管理的制度。如《企业会计准则》(含基本准则、具体准则及其解释)、《政府会计准则》和《政府会计制度——行政事业单位会计科目和报表》(含基本准则、具体准则和准则制度解释)、《小企业会计准则》《工会会计制度》《民间非营利组织会计制度》《农村集体经济组织会计制度》《碳排放权交易相关会计处理暂行规定》《企业数据资源相关会计处理暂行规定》《企业破产清算有关会计处理规定》《知识产权相关会计信息披露规定》《企业产品成本核算制度(试行)》《事业单位成本核算基本指引》《企业内部控制基本规范》《行政事业单位内部控制规范(试行)》《管理会计基本指引》《会计基础工作规范》《会计档案管理办法》《代理记账管理办法》《会计信息化工作规范》《会计软件基本功能和服务规范》《会计人员管理办法》《会计人员职业道德规范》《会计专业技术人员继续教育规定》等。

视频讲解

## 【问题027】 财政部门如何监督单位的会计信息化工作？

根据《会计信息化工作规范》（财会〔2024〕11号）第四十五条的相关规定，县级以上地方各级人民政府财政部门采取现场检查、第三方评价等方式对单位开展会计信息化工作是否符合本规范、会计软件功能和服务规范要求的情况实施监督。对不符合要求的单位，由县级以上地方各级人民政府财政部门责令限期改正。限期不改的，县级以上地方各级人民政府财政部门应当依法予以处罚，并将有关情况通报同级相关部门。

根据《会计信息化工作规范》（财会〔2024〕11号）第四十六条的相关规定，财政部采取组织同行评议、第三方认证、向用户单位征求意见等方式对会计软件服务商提供会计软件和相关服务遵循会计软件功能和服务规范的情况进行检查。

省、自治区、直辖市人民政府财政部门发现会计软件和相关服务不符合会计软件功能和服务规范规定的，应当将有关情况报财政部。

任何单位和个人发现会计软件和相关服务不符合会计软件功能和服务规范要求的，可以向所在地省（自治区、直辖市）人民政府财政部门反映，有关省、自治区、直辖市人民政府财政部门应当根据反映情况开展调查，并按本条第二款规定处理。

根据《会计信息化工作规范》（财会〔2024〕11号）第四十七条的相关规定，会计软件服务商提供会计软件和相关服务不符合会计软件功能和服务规范要求的，财政部可以约谈该服务商主要负责人，责令限期改正。限期内未改正的，由财政部依法予以处罚，并将有关情况通报相关部门。

# 关于"第二章 会计核算"

## 【问题028】 通过购买的虚假发票进行会计核算是否违反真实性要求？

是。虚假发票属于虚假会计资料，通过购买的虚假发票进行会计核算，违反了"任何单位不得以虚假的经济业务事项或者资料进行会计核算"的要求。

## 【问题029】 为何修改会计核算事项为会计要素？

一是原会计法规定的经济业务事项仅适用于企业会计，不适用于政府会计。同时，经济业务事项需要与会计要素相对应，会计法需要与企业会计准则和政府会计准则相衔接，并为基本准则提供上位法依据。

视频讲解

二是这是贯彻落实《国务院办公厅关于进一步规范财务审计秩序促进注册会计师行业健康发展的意见》（国办发〔2021〕30号）关于"推动加快修订会计法，进一步明确会计核算、内部控制、信息化建设等要求"的具体举措。

## 【问题030】 会计要素有哪些？

根据《企业会计准则——基本准则》(财政部令第76号)第十条的相关规定，企业会计要素包括资产、负债、所有者权益、收入、费用和利润。

根据《政府会计准则——基本准则》(财政部令第78号)第二十六条的相关规定，政府财务会计要素包括资产、负债、净资产、收入和费用。

视频讲解

## 【问题031】 是否可以跨期确认收入？

否。根据新会计法第二十四条的相关规定，各单位进行会计核算不得虚列或者隐瞒收入，推迟或者提前确认收入。

## 【问题032】 如何避免上市公司财务报告信息披露"扎堆"？

按照各证券交易所股票上市规则的相关规定，上市公司应向证券交易所预约定期报告的披露时间，证券交易所根据均衡披露原则统筹安排。上市公司应当按照预约时间办理定期报告披露事宜。若上市公司因故需对预约披露日期进行变更，应提前五个交易日向证券交易所提出书面申请，陈述变更理由，并明确变更后的披露时间。

## 【问题033】 折算外币报表时，汇率如何确定？

根据《企业会计准则第19号——外币折算》(财会〔2006〕第3号)第十二条的相关规定，企业对境外经营的财务报表进行折算时，应当遵循下列规定：

（一）资产负债表中的资产和负债项目，采用资产负债表日的即期汇率折算，所有者权益项目除"未分配利润"项目外，其他项目采用发生时的即期汇率折算。

（二）利润表中的收入和费用项目，采用交易发生日的即期汇率折算；也可以采用按照系统合理的方法确定的、与交易发生日即期汇率近似的汇率折算。

按照上述（一）、（二）折算产生的外币财务报表折算差额，在资产负债表中所有者权益项目下单独列示。比较财务报表的折算比照上述规定处理。

【问题034】 使用电子计算机进行会计核算的，其软件及其生成的会计凭证、会计账簿、财务会计报告和其他会计资料，也必须符合国家统一的会计制度的规定。这里的"国家统一的会计制度"具体指什么？

《会计信息化工作规范》（财会〔2024〕11号）和《会计软件基本功能和服务规范》（财会〔2024〕12号）。

根据《会计基础工作规范（征求意见稿）》第三十条的相关规定，使用会计软件进行会计核算的，会计软件及其生成的会计凭证、会计账簿、财务会计报告和其他会计资料，应当符合《会计信息化工作规范》和《会计软件基本功能和服务规范》的有关规定。

视频讲解

【问题035】 会计账套和会计账簿是否有区别？

有。会计账套是指存放会计核算对象的所有会计业务数据文件的总称，账套中包含的文件有会计科目、记账凭证、会计账簿、会计报表等。会计账簿是由一定格式、相互联系的账页组成，以会计凭证为依据，用以序时、分类、全面、系统地记录、反映和监督一个单位经济业务活动情况的会计簿籍。会计账套包含会计账簿。

## 【问题036】 填制或者取得原始凭证的基本要求是什么？

根据《会计基础工作规范（征求意见稿）》第三十六条的相关规定，原始凭证的基本要求：

（一）原始凭证的内容必须具备：凭证的名称；填制凭证的日期；填制凭证单位名称或者填制人姓名；经办人员的签名或者盖章；接受凭证单位名称；经济业务事项内容；数量、单价和金额。

（二）从外单位取得的原始凭证，必须盖有填制单位的公章或者发票（收费、财务）专用章，或者法律、法规规定的其他签章；从个人取得的原始凭证，必须有填制人员的签名或者盖章。

（三）自制原始凭证，应当有经办单位负责人或者其授权人员的签名或者盖章；通过业务系统传递数据至会计软件实现集成报账生成自制原始凭证的，在确保业务系统数据规则清晰、自动出具、满足内部审批要求、体现审批环节人员信息且信息传递完整准确的情况下，无须经办单位负责人或者其授权人员的签名或者盖章。

（四）对外开出的原始凭证，必须加盖本单位公章或者发票（收费、财务）专用章，或者法律、法规规定的其他签章。

（五）从外单位取得的或对外开出的电子原始凭证应附有符合《中华人民共和国电子签名法》规定的电子签名；不具备电子签名的，必须通过可信的数据源查验电子原始凭证的真实、完整。

（六）来源可靠、程序规范、要素合规的电子原始凭证与纸质原始凭证具有同等法律效力，可以直接作为入账依据。以电子原始凭证的纸质打印件作为入账依据的，必须同时保存该纸质件的电子原始凭证。

（七）以取得的境外原始凭证作为入账依据时，应当保证其来源可靠，内容真实、完整；必要时，提供境外公证机构或者注册会计师的确认证明。

## 【问题037】 各单位处理和应用电子原始凭证应当满足哪些要求？

根据《会计基础工作规范（征求意见稿）》第三十七条的相关规定，各单位处理和应用电子原始凭证，应当保证电子原始凭证的接收、生成、传输、存储等各环节的安全可靠，能够及时发现对电子原始凭证的任何篡改，能够有效防止电子原始凭证重复入账。

## 【问题038】 各单位填制的记账凭证需要有哪些内容？

根据《会计基础工作规范（征求意见稿）》第三十九条的相关规定，记账凭证的内容必须具备：填制凭证的日期；凭证编号；经济业务摘要；会计科目；金额；所附纸质原始凭证张数或电子原始凭证份数；填制凭证人员、稽核人员、记账人员、会计机构负责人（会计主管人员）的姓名。收款和付款记账凭证还应当有出纳人员的姓名。手工记账下需要上述人员签名或者盖章。经济业务摘要应当清楚地反映经济业务事项。以自制原始凭证或者原始凭证汇总表代替记账凭证的，必须具备记账凭证应有的项目。

## 【问题039】 会计机构、会计人员在保管会计凭证方面需要满足哪些要求？

根据《会计基础工作规范（征求意见稿）》第四十三条的相关规定，会计机构、会计人员要妥善保管会计凭证。

（一）会计凭证登记完毕后，应当按照分类和编号顺序保管，不得散乱丢失。

（二）记账凭证应当连同所附的原始凭证或者原始凭证汇总表，

按照编号顺序进行整理保管。

（三）原始凭证一般不得外借，根据国家有关规定必须借出的，应当严格按照规定办理相关手续。其他单位如因特殊原因需要使用原始凭证时，经本单位会计机构负责人（会计主管人员）批准，可以复制。向外单位提供的原始凭证复制件，应当在专设的登记簿上登记，并由提供人员和收取人员共同签名或者盖章。

（四）从外单位取得的原始凭证如有遗失，应当取得原开出单位盖有公章的证明，并注明原来凭证的号码、金额和内容等，由经办单位会计机构负责人（会计主管人员）和单位负责人或其授权人员批准后，代作原始凭证。如果确实无法取得证明的，由当事人写出详细情况并签名，由经办单位会计机构负责人（会计主管人员）和单位负责人或其授权人员批准后，代作原始凭证。

## 【问题040】 哪些账簿属于其他辅助性账簿？

其他辅助账簿，又称备查簿，是为备忘备查而设置的。在会计实务中主要包括各种租借设备、物资的辅助登记或有关应收、应付款项的备查簿，担保、抵押备查簿等。各单位可根据自身管理的需要，设置其他辅助账。

## 【问题041】 会计账簿在格式和内容等方面需要满足哪些要求？

根据《会计基础工作规范（征求意见稿）》第四十五条的相关规定，会计账簿必须具备封面、扉页、账页等基本要素。会计账簿封面上应当注明单位名称和账簿名称，会计账簿扉页上应当附启用表，内容包括：启用日期，账簿页数，记账人员和会计机构负责人（会计主管人员）签名或者盖章，单位公章或者法律、法规规定的其他签章。

会计账簿必须连续编号。启用订本式账簿，应当从第一页到最后一页顺序编定页数，不得跳页、缺号。使用活页式账页，应当按账户顺序编号，并须定期装订成册，装订后再按实际使用的账页顺序编定页码，另加目录，记明每个账户的名称和页次。

## 【问题042】 什么是"两套账""多套账"？

"两套账""多套账"，是指单位在不同目的之下，为了满足不同要求对同一个会计主体编制了两套账，甚至多套账。比如，反映企业实际经营情况的内账（又称管理账）、用于应付税务机关检查的税务账、用于从银行贷款的银行账、用于应付海关检查的海关账、用于申请高新资格的高新账等。

## 【问题043】 如何有效解决"两套账""多套账"问题？

目前解决"两套账""多套账"问题的有效手段之一就是加强监督检查协作，实现财政、审计、税务、金融管理等不同口径会计账簿的交互检查。

## 【问题044】 各单位进行对账工作时需要满足哪些要求？

根据《会计基础工作规范（征求意见稿）》第四十六条的相关规定，各单位应当定期对会计账簿记录的有关数字与库存实物、货币资金、有价证券、往来单位或者个人及有关资料等进行相互核对，保证账实相符、账证相符、账账相符、账表相符。对账工作每年至少进行一次。

## 【问题045】 企业进行会计政策变更时,需要披露哪些内容?

根据《企业会计准则第28号——会计政策、会计估计变更和差错更正》(财会〔2006〕第3号)第十五条的相关规定,企业应当在附注中披露与会计政策变更有关的下列信息:(一)会计政策变更的性质、内容和原因。(二)当期和各个列报前期财务报表中受影响的项目名称和调整金额。(三)无法进行追溯调整的,说明该事实和原因以及开始应用变更后的会计政策的时点、具体应用情况。

## 【问题046】 企业进行会计估计变更时,需要披露哪些内容?

根据《企业会计准则第28号——会计政策、会计估计变更和差错更正》(财会〔2006〕第3号)第十六条的相关规定,企业应当在附注中披露与会计估计变更有关的下列信息:(一)会计估计变更的内容和原因。(二)会计估计变更对当期和未来期间的影响数。(三)会计估计变更的影响数不能确定的,披露这一事实和原因。

## 【问题047】 发现单位存在前期差错,应该如何处理?

根据《企业会计准则第28号——会计政策、会计估计变更和差错更正》(财会〔2006〕第3号)第十二条的相关规定,企业应当采用追溯重述法更正重要的前期差错,但确定前期差错累积影响数不切实可行的除外。追溯重述法,是指在发现前期差错时,视同该项前期差错从未发生过,从而对财务报表相关项目进行更正的方法。

根据《企业会计准则第28号——会计政策、会计估计变更和差错更正》(财会〔2006〕第3号)第十三条的相关规定,确定前期差错影响数不切实可行的,可以从可追溯重述的最早期间开始调整留存收益的期初余额,财务报表其他相关项目的期初余额也应当一并调整,也可以采用未来适用法。

根据《企业会计准则第28号——会计政策、会计估计变更和差错更正》(财会〔2006〕第3号)第十四条的相关规定,企业应当在重要的前期差错发现当期的财务报表中,调整前期比较数据。

## 【问题048】 企业进行前期差错更正时,需要披露哪些内容?

根据《企业会计准则第28号——会计政策、会计估计变更和差错更正》(财会〔2006〕第3号)第十七条的相关规定,企业应当在附注中披露与前期差错更正有关的下列信息:(一)前期差错的性质。(二)各个列报前期财务报表中受影响的项目名称和更正金额。(三)无法进行追溯重述的,说明该事实和原因以及对前期差错开始进行更正的时点、具体更正情况。

## 【问题049】 企业会计准则对或有事项的确认和计量有哪些要求?

根据《企业会计准则第13号——或有事项》(财会〔2006〕第3号)第四条的相关规定,与或有事项相关的义务同时满足下列条件的,应当确认为预计负债:(一)该义务是企业承担的现时义务;(二)履行该义务很可能导致经济利益流出企业;(三)该义务的金额能够可靠地计量。

根据《企业会计准则第13号——或有事项》(财会〔2006〕第3号)第十三条的相关规定,企业不应当确认或有负债和或有资产。其中，或有负债是指过去的交易或者事项形成的潜在义务，其存在须通过未来不确定事项的发生或不发生予以证实；或过去的交易或者事项形成的现时义务，履行该义务不是很可能导致经济利益流出企业或该义务的金额不能可靠计量。或有资产是指过去的交易或者事项形成的潜在资产，其存在须通过未来不确定事项的发生或不发生予以证实。

## 【问题050】 企业会计准则对或有事项的披露有哪些要求？

根据《企业会计准则第13号——或有事项》（财会〔2006〕第3号）第十四条的相关规定，企业应当在附注中披露与或有事项有关的下列信息：

（一）预计负债。一是预计负债的种类、形成原因以及经济利益流出不确定性的说明。二是各类预计负债的期初、期末余额和本期变动情况。三是与预计负债有关的预期补偿金额和本期已确认的预期补偿金额。

（二）或有负债（不包括极小可能导致经济利益流出企业的或有负债）。一是或有负债的种类及其形成原因，包括已贴现商业承兑汇票、未决诉讼、未决仲裁、对外提供担保等形成的或有负债。二是经济利益流出不确定性的说明。三是或有负债预计产生的财务影响，以及获得补偿的可能性；无法预计的，应当说明原因。

（三）企业通常不应当披露或有资产。但或有资产很可能会给企业带来经济利益的，应当披露其形成的原因、预计产生的财务影响等。

## 【问题051】 为何删减财务会计报告组成内容？

现行会计准则对公司、企业以及政府、民间非营利组织的财务会计报告的组成内容已有更加具体和针对性的规定，政府财务报告没有关于财务情况说明书的要求。

根据《企业会计准则——基本准则》（财政部令第76号）第四十四条的相关规定，财务会计报告是指企业对外提供的反映企业某一特定日期的财务状况和某一会计期间的经营成果、现金流量等会计信息的文件。财务会计报告包括会计报表及其附注和其他应当在财务会计报告中披露的相关信息和资料。会计报表至少应当包括资产负债表、利润表、现金流量表等报表。小企业编制的会计报表可以不包括现金流量表。

视频讲解

根据《政府会计准则——基本准则》（财政部令第78号）第四十九条的相关规定，政府财务报告是反映政府会计主体某一特定日期的财务状况和某一会计期间的运行情况和现金流量等信息的文件。政府财务报告应当包括财务报表和其他应当在财务报告中披露的相关信息和资料。根据《政府会计准则——基本准则》（财政部令第78号）第五十一条的相关规定，财务报表是对政府会计主体财务状况、运行情况和现金流量等信息的结构性表述。财务报表包括会计报表和附注。会计报表至少应当包括资产负债表、收入费用表和现金流量表。政府会计主体应当根据相关规定编制合并财务报表。

根据《民间非营利组织会计制度（征求意见稿）》第七十九条的相关规定，财务会计报告由会计报表、会计报表附注和其他应当在财务会计报告中披露的相关信息和资料组成。民间非营利组织对外提供的财务会计报告的内容、会计报表的种类和格式、会计报表附注应予披露的主要内容等，由本制度规定；民间非营利组织内部管理需要的会计报表由单位自行规定。民间非营利组织在编制中期财务会计报告时，应当采用与年度会计报表相一致的确认与计量原则。中期财务会计报告的内容相对于年度财务会计报告而言可以适当简化，但仍应保证包括与理解中期期末财务状况和中期业务活动情况及其现金流量相关的重要财务信息。

## 【问题052】 总会计师的设置要求有哪些？

根据新会计法第三十四条的相关规定，国有的和国有资本占控股地位或者主导地位的大、中型企业必须设置总会计师。总会计师的任职资格、任免程序、职责权限由国务院规定。

根据《总会计师条例》（2011年修订）第二条的相关规定，全民所有制大、中型企业设置总会计师；事业单位和业务主管部门根据需要，经批准可以设置总会计师。

根据《总会计师条例》（2011年修订）第四条的相关规定，凡设置总会计师的单位，在单位行政领导成员中，不设与总会计师职权重叠的副职。

## 【问题053】 设置总会计师的单位，财务会计报告应当由谁签名并盖章？

根据新会计法第二十一条的相关规定，财务会计报告应当由单位负责人和主管会计工作的负责人、会计机构负责人（会计主管人员）签名并盖章；设置总会计师的单位，还须由总会计师签名并盖章。

根据《总会计师条例》（2011年修订）第四条的相关规定，凡设置总会计师的单位，在单位行政领导成员中，不设与总会计师职权重叠的副职。

所以，设置总会计师的单位，财务会计报告应当由单位负责人和总会计师、会计机构负责人（会计主管人员）签名并盖章。此时，总会计师就是单位主管会计工作的负责人。

## 【问题054】 为何要求单位负责人和主管会计工作的负责人、会计机构负责人（会计主管人员）同时在财务会计报告中签名并盖章？

要求单位负责人和主管会计工作的负责人、会计机构负责人（会计主管人员）同时在财务会计报告中签名并盖章，目的在于明确单位负责人和主管会计工作的负责人、会计机构负责人（会计主管人员）对财务会计报告的编制均需承担法律责任，这样的制度设计有助于单位更加重视财务会计报告的编制工作，从源头上防范和遏制财务会计报告造假。

## 【问题055】 会计档案保管为何增加安全保护要求？

会计信息安全越来越重要，增加安全保护要求，有助于保障国家经济安全，保护社会公共利益。为此，国务院财政部门会同有关部门制定了一系列规章制度。比如，中国证监会、财政部、国家保密局、国家档案局联合公布的《关于加强境内企业境外发行证券和上市相关保密和档案管理工作的规定》（证监会公告〔2023〕44号）。

视频讲解

## 【问题056】 会计档案保管要求是什么？

根据《会计档案管理办法》（2015年修订）第五条的相关规定，单位应当加强会计档案管理工作，建立和完善会计档案的收集、整理、保管、利用和鉴定销毁等管理制度，采取可靠的安全防护技术和措施，保证会计档案的真实、完整、可用、安全。

视频讲解

## 【问题057】 会计档案保管方式有哪些？

根据《会计档案管理办法》(2015年修订)第五条的相关规定，单位的档案机构或者档案工作人员所属机构负责管理本单位的会计档案。单位也可以委托具备档案管理条件的机构代为管理会计档案。

根据《会计档案管理办法》(2015年修订)第七条的相关规定，单位可以利用计算机、网络通信等信息技术手段管理会计档案。

视频讲解

## 【问题058】 形成电子会计档案需要满足哪些要求？

根据《会计档案管理办法》(2015年修订)第八条的相关规定，同时满足下列条件的，单位内部形成的属于归档范围的电子会计资料可仅以电子形式保存，形成电子会计档案：(一)形成的电子会计资料来源真实有效，由计算机等电子设备形成和传输；(二)使用的会计核算系统能够准确、完整、有效接收和读取电子会计资料，能够输出符合国家标准归档格式的会计凭证、会计账簿、财务会计报表等会计资料，设定了经办、审核、审批等必要的审签程序；(三)使用的电子档案管理系统能够有效接收、管理、利用电子会计档案，符合电子档案的长期保管要求，并建立了电子会计档案与相关联的其他纸质会计档案的检索关系；(四)采取有效措施，防止电子会计档案被篡改；(五)建立电子会计档案备份制度，能够有效防范自然灾害、意外事故和人为破坏的影响；(六)形成的电子会计资料不属于具有永久保存价值或者其他重要保存价值的会计档案。

视频讲解

根据《会计档案管理办法》（2015年修订）第九条的相关规定，满足本办法第八条规定条件，单位从外部接收的电子会计资料附有符合《中华人民共和国电子签名法》规定的电子签名的，可仅以电子形式归档保存，形成电子会计档案。

### 【问题059】 销毁会计档案在程序上需要满足哪些要求？

根据《会计档案管理办法》（2015年修订）第十八条的相关规定，经鉴定可以销毁的会计档案，应当按照以下程序销毁：（一）单位档案管理机构编制会计档案销毁清册，列明拟销毁会计档案的名称、卷号、册数、起止年度、档案编号、应保管期限、已保管期限和销毁时间等内容。（二）单位负责人、档案管理机构负责人、会计管理机构负责人、档案管理机构经办人、会计管理机构经办人在会计档案销毁清册上签署意见。（三）单位档案管理机构负责组织会计档案销毁工作，并与会计管理机构共同派员监销。监销人在会计档案销毁前，应当按照会计档案销毁清册所列内容进行清点核对；在会计档案销毁后，应当在会计档案销毁清册上签名或盖章。电子会计档案的销毁还应当符合国家有关电子档案的规定，并由单位档案管理机构、会计管理机构和信息系统管理机构共同派员监销。

视频讲解

### 【问题060】 企业和其他组织会计档案保管期限要求是什么？

根据《会计档案管理办法》（2015年修订）的相关规定，企业和其他组织会计档案保管期限要求如下表所示。

### 企业和其他组织会计档案保管期限表

| 序号 | 档案名称 | 保管期限 | 备注 |
| --- | --- | --- | --- |
| 1. | 会计凭证 | | |
| 1.1 | 原始凭证 | 30年 | |
| 1.2 | 记账凭证 | 30年 | |
| 2. | 会计账簿 | | |
| 2.1 | 总账 | 30年 | |
| 2.2 | 明细账 | 30年 | |
| 2.3 | 日记账 | 30年 | |
| 2.4 | 固定资产卡片 | | 固定资产报废清理后保管5年 |
| 2.5 | 其他辅助性账簿 | 30年 | |
| 3. | 财务会计报告 | | |
| 3.1 | 月度、季度、半年度财务会计报告 | 10年 | |
| 3.2 | 年度财务会计报告 | 永久 | |
| 4. | 其他会计资料 | | |
| 4.1 | 银行存款余额调节表 | 10年 | |
| 4.2 | 银行对账单 | 10年 | |
| 4.3 | 纳税申报表 | 10年 | |
| 4.4 | 会计档案移交清册 | 30年 | |
| 4.5 | 会计档案保管清册 | 永久 | |
| 4.6 | 会计档案销毁清册 | 永久 | |
| 4.7 | 会计档案鉴定意见书 | 永久 | |

## 【问题061】 财政总预算和行政单位等会计档案保管要求是什么？

根据《会计档案管理办法》(2015年修订)的相关规定，财政总预算、行政单位、事业单位和税收会计档案保管期限要求如下表所示。

财政总预算、行政单位、事业单位和税收会计档案保管期限表

| 序号 | 档案名称 | 保管期限 | | | 备注 |
|---|---|---|---|---|---|
| | | 财政总预算 | 行政单位事业单位 | 税收会计 | |
| 1. | 会计凭证 | | | | |
| 1.1 | 国家金库编送的各种报表及缴库退库凭证 | 10年 | | 10年 | |
| 1.2 | 各收入机关编送的报表 | 10年 | | | |
| 1.3 | 行政单位和事业单位的各种会计凭证 | | 30年 | | 包括：原始凭证、记账凭证和传票汇总表 |
| 1.4 | 财政总预算拨款凭证和其他会计凭证 | 30年 | | | 包括：拨款凭证和其他会计凭证 |
| 2. | 会计账簿 | | | | |
| 2.1 | 日记账 | | 30年 | 30年 | |
| 2.2 | 总账 | 30年 | 30年 | 30年 | |
| 2.3 | 税收日记账（总账） | | | 30年 | |
| 2.4 | 明细分类、分户账或登记簿 | 30年 | 30年 | 30年 | |
| 2.5 | 行政单位和事业单位固定资产卡片 | | | | 固定资产报废清理后保管5年 |
| 3. | 财务会计报告 | | | | |

续表

| 序号 | 档案名称 | 保管期限 | | | 备注 |
|---|---|---|---|---|---|
| | | 财政总预算 | 行政单位事业单位 | 税收会计 | |
| 3.1 | 政府综合财务报告 | 永久 | | | 下级财政、本级部门和单位报送的保管2年 |
| 3.2 | 部门财务报告 | | 永久 | | 所属单位报送的保管2年 |
| 3.3 | 财政总决算 | 永久 | | | 下级财政、本级部门和单位报送的保管2年 |
| 3.4 | 部门决算 | | 永久 | | 所属单位报送的保管2年 |
| 3.5 | 税收年报（决算） | | | 永久 | |
| 3.6 | 国家金库年报（决算） | 10年 | | | |
| 3.7 | 基本建设拨、贷款年报（决算） | 10年 | | | |
| 3.8 | 行政单位和事业单位会计月、季度报表 | | 10年 | | 所属单位报送的保管2年 |
| 3.9 | 税收会计报表 | | | 10年 | 所属税务机关报送的保管2年 |
| 4. | 其他会计资料 | | | | |
| 4.1 | 银行存款余额调节表 | 10年 | 10年 | | |
| 4.2 | 银行对账单 | 10年 | 10年 | 10年 | |
| 4.3 | 会计档案移交清册 | 30年 | 30年 | 30年 | |
| 4.4 | 会计档案保管清册 | 永久 | 永久 | 永久 | |
| 4.5 | 会计档案销毁清册 | 永久 | 永久 | 永久 | |
| 4.6 | 会计档案鉴定意见书 | 永久 | 永久 | 永久 | |

注：税务机关的税务经费会计档案保管期限，按行政单位会计档案保管期限规定办理。

# 关于"第三章　会计监督"

【问题062】　为何要求将内部会计监督制度纳入内部控制制度？

这是为贯彻落实《国务院办公厅关于进一步规范财务审计秩序促进注册会计师行业健康发展的意见》（国办发〔2021〕30号）关于"进一步明确会计核算、内部控制、信息化建设等要求"的具体举措。

视频讲解

【问题063】　为何在内部会计监督制度设计要求中增加兜底性条款？

根据《会计基础工作规范（征求意见稿）》的相关规定，各单位应当建立健全稽核制度（第八十一条）、计量验收制度（第八十三条）、财务收支审批制度（第八十五条）等，上述制度已经超出了第二十五条（一）至（四）项的要求，因此，此次修法新增了兜底性条款。

视频讲解

## 【问题064】 内部会计监督制度具体包括什么？

根据新会计法第二十三条和《会计基础工作规范（征求意见稿）》的相关规定，各单位应当建立健全不相容职务分离制度、三重一大制度、财产清查制度、内部审计制度、稽核制度、计量验收制度、财务收支审批制度等。

## 【问题065】 会计机构、会计人员应当如何对财务收支进行监督？

根据《会计基础工作规范（征求意见稿）》第七十条的相关规定，会计机构、会计人员应当对财务收支进行监督。（一）对审批手续不全的财务收支，应当退回，要求补充、更正。（二）对违反规定不纳入单位统一会计核算的财务收支，应当制止和纠正。（三）对违反国家统一的财政、财务、会计制度规定的财务收支，不予办理。（四）对认为是违反国家统一的财政、财务、会计制度规定的财务收支，应当制止和纠正；制止和纠正无效的，应当向单位主管会计工作的负责人（总会计师）或者单位负责人提出书面意见，请求处理。单位主管会计工作的负责人（总会计师）或者单位负责人应当在接到书面意见起十日内作出书面决定，并对决定承担责任。（五）对违反国家统一的财政、财务、会计制度规定的财务收支，不予制止和纠正，又不向单位主管会计工作的负责人（总会计师）或者单位负责人提出书面意见的，也应当承担责任。（六）对严重违反国家利益和社会公众利益的财务收支，应当向上级主管单位或者财政、审计、税务、金融管理等部门报告。

## 【问题066】 会计机构、会计人员对本单位的经济业务事项进行会计监督的依据有哪些？

根据《会计基础工作规范（征求意见稿）》第六十五条的相关规定，会计机构、会计人员对本单位的经济业务事项进行会计监督，会计监督依据包括：（一）财经法律、法规、规章；（二）会计法律、法规和国家统一的会计制度；（三）国务院有关部门、中央军事委员会有关部门根据《中华人民共和国会计法》和国家统一的会计制度制定的具体实施办法或者补充规定；（四）各单位根据《中华人民共和国会计法》和国家统一的会计制度制定的单位内部会计管理制度；（五）各单位内部的预算、财务计划、经济计划、业务计划等。

## 【问题067】 对账实不符的处理有何具体要求？

根据《会计基础工作规范（征求意见稿）》第六十八条的相关规定，会计机构、会计人员应当对实物、款项进行监督，督促建立并严格执行财产清查制度。发现会计账簿记录与实物、款项及有关资料不相符的，按照国家统一的会计制度和单位内部管理制度的规定有权自行处理的，应当及时处理；无权处理的，应当逐级向单位主管会计工作的负责人（总会计师）、单位负责人报告，请求查明原因，作出处理。

## 【问题068】 财政部门应该如何处理会计违法行为检举事项？

根据《财政部信访工作办法》（财政部令第30号）第十二条的相关规定，会计违法行为检举事项按照以下流程处理：

（一）信息接收。信访人采取来信方式的，当日来信，当日拆封，将信封、信件及其附件一并装订；采用电子邮件、传真、电话、走访等方式的，收到当日将信访人提供的信息转为书面形式并装订。

（二）登记。将信访人姓名、工作单位（或家庭地址）、提供信息时间和主要内容输入信访信息系统。

（三）受理。信访办自收到信访人提出的信访事项之日起，15日内决定该信访事项是否受理，并书面告知信访人。对不属于财政职责范围的事项，信访办应当报告领导小组同意后作出不予受理决定，并书面告知信访人不予受理的理由及应当受理部门或机构。信访人姓名、住址不清的除外。

（四）报告。对投诉、申诉、检举信件和意见、建议涉及重要工作的，信访办应当及时报告领导小组负责人。

（五）分转。对于受理的信访事项，信访办按照来信内容和部内各单位职责分工转送有关单位办理。需两个以上单位共同办理的，应当明确主办单位和协办单位。

（六）转办。依据职责属于省级以下财政部门办理的信访事项，转送下级财政部门处理，并抄送下级人民政府信访工作机构。对转送信访事项中的重要情况需要反馈办理结果的，可以要求下级财政部门在指定办理期限内反馈结果，提交办结报告。

（七）承办。部内单位收到信访办交给本单位办理的信访事项，应当立即指定专人办理。承办人应当恪尽职守，依法办事。承办人员可以电话联系、约见、走访信访人，听取信访人陈述情况。承办人可以运用咨询、教育、协商、调解、听证等方法办理信访事项。对于重大的信访事项，可以采取主要领导走访制。

（八）督查。对国务院及有关单位交办、转办、协办的信访事项，各单位应当尽快办理上报。信访办要加强督查工作。

（九）答复。信访事项应当自受理之日起60日内办结；情况复杂的，经领导小组领导批准，可以适当延长办理期限，但延长期限不得超过30日，并告知信访人延期理由。各单位应当按信访办规定的办理时限，向信访办提交信访事项处理意见，信访办统一答复信访人。

## 【问题069】 财政部门对会计违法行为的检举会作出怎样的答复？

根据《财政部信访工作办法》(财政部令第30号)第十四条的相关规定，信访事项经调查核实，分别作出以下决定：

(一)事实清楚、证据充分，作出相应的决定，并书面答复信访人。

(二)信访人的请求有一定合理性，应当对信访人作出解释，同时向有关单位提出完善制度的建议。

(三)信访人的请求不符合法律、法规及其他有关规定，不予支持，并书面答复信访人。

## 【问题070】 检举会计违法行为是否可以获得经济上的奖励？

目前，新会计法中并没有对检举人给予奖励的法律条文。但是，对检举人给予奖励是鼓励内部人"吹哨"的重要制度安排，且已在其他领域得以入法，比如《中华人民共和国税收征收管理法》(2015年修正)第十三条明确要求，税务机关应当按照规定对检举人给予奖励。

视频讲解

## 【问题071】 财政部门是否有权监督会计师事务所？

是。新会计法第二十九条第三款规定，财政部门有权对会计师事务所出具审计报告的程序和内容进行监督。《中华人民共和国注册会计师法》(2014年修正)第五条规定，国务院财政部门和省、自治区、直辖市人民政府财政部门，依法对注册会计师、会计师事务所和注册会计师协会进行监督、指导。

这里需要强调的是,省级以上人民政府财政部门有权监督会计师事务所,地级市以下人民政府财政部门无权监督会计师事务所。

## 【问题072】 我国的行政强制措施有哪些?

根据《中华人民共和国行政强制法》(2011年)第九条的相关规定,行政强制措施的种类:(一)限制公民人身自由;(二)查封场所、设施或者财物;(三)扣押财物;(四)冻结存款、汇款;(五)其他行政强制措施。

## 【问题073】 财政部门在会计行政执法过程中可以采取行政强制措施吗?

根据新会计法的相关规定,财政部门在会计行政执法过程中不可以采取行政强制措施。

《中华人民共和国会计法(修正草案)》原本是设有以下行政强制措施的:

(一)发现重大违法嫌疑时,国务院财政部门及其派出机构可以查询被监督单位以及与被监督单位有经济业务往来的单位在金融机构与被监督事项相关的资金情况,有关单位和金融机构应当给予支持;有证据证明被监督单位涉嫌转移或者隐匿涉案财产的,经国务院财政部门负责人批准,国务院财政部门及其派出机构可以申请人民法院依法予以冻结或者查封;有证据证明涉嫌违法人员、涉嫌违法单位的主管人员和其他直接责任人员存在外逃嫌疑的,国务院财政部门可以决定不准其出境,并通知移民管理机构执行。

（二）发现重特大违法嫌疑时，经国务院财政部门负责人批准，国务院财政部门还可以查询与被监督单位有经济业务往来的个人在金融机构与被监督事项相关的资金情况。

但遗憾的是，以上行政强制措施最终被删除了。

## 【问题074】 "三位一体"会计监督体系指什么？

我国根据现行会计法已基本建立了"三位一体"的会计监督体系，包括以单位会计人员为主体的单位内部监督、以注册会计师为主体的中介机构监督和以人民政府财政部门为主体的行政执法监督。

## 【问题075】 为何新增加强监督检查协作要求？

为贯彻落实《关于进一步加强财会监督工作的意见》关于建立财会监督与其他各类监督贯通协调的工作机制的要求，新会计法新增加强监督检查协作要求。

视频讲解

根据中共中央办公厅、国务院办公厅印发的《关于进一步加强财会监督工作的意见》的工作目标，到2025年，构建起财政部门主责监督、有关部门依责监督、各单位内部监督、相关中介机构执业监督、行业协会自律监督的财会监督体系；基本建立起各类监督主体横向协同，中央与地方纵向联动，财会监督与其他各类监督贯通协调的工作机制；财会监督法律制度更加健全，信息化水平明显提高，监督队伍素质不断提升，在规范财政财务管理、提高会计信息质量、维护财经纪律和市场经济秩序等方面发挥重要保障作用。

## 【问题076】 规范保密义务表述的依据是什么？

依据《中华人民共和国审计法》（2021年修正）的表述进行修改，审计法第十六条规定："审计机关和审计人员对在执行职务中知悉的国家秘密、工作秘密、商业秘密、个人隐私和个人信息，应当予以保密，不得泄露或者向他人非法提供。"

视频讲解

## 【问题077】 哪些行为会被认定为侵犯商业秘密？

根据《中华人民共和国反不正当竞争法》（2019年修正）第九条的相关规定，经营者不得实施下列侵犯商业秘密的行为：（一）以盗窃、贿赂、欺诈、胁迫、电子侵入或者其他不正当手段获取权利人的商业秘密；（二）披露、使用或者允许他人使用以前项手段获取的权利人的商业秘密；（三）违反保密义务或者违反权利人有关保守商业秘密的要求，披露、使用或者允许他人使用其所掌握的商业秘密；（四）教唆、引诱、帮助他人违反保密义务或者违反权利人有关保守商业秘密的要求，获取、披露、使用或者允许他人使用权利人的商业秘密。

经营者以外的其他自然人、法人和非法人组织实施前款所列违法行为的，视为侵犯商业秘密。

第三人明知或者应知商业秘密权利人的员工、前员工或者其他单位、个人实施本条第一款所列违法行为，仍获取、披露、使用或者允许他人使用该商业秘密的，视为侵犯商业秘密。

## 【问题078】 财政部门从会计师事务所等单位借调的人员在参与行政执法监督过程中泄露工作秘密，是否适用会计法？

是。财政部门从会计师事务所等单位借调的人员参与行政执法监督，属于实施监督检查的工作人员，根据新会计法第三十一条的相关规定，借调人员对在监督检查中知悉的国家秘密、工作秘密、商业秘密、个人隐私、个人信息同样负有保密义务。根据新会计法第四十四条的相关规定，借调人员在实施监督管理中泄露国家秘密、工作秘密、商业秘密、个人隐私、个人信息的，依法给予处分；构成犯罪的，依法追究刑事责任。

## 【问题079】 拒不交出会计资料与隐匿会计资料有区别吗？

有区别。拒不交出会计资料，是指被检查单位依法应当向司法机关、行政机关、有关主管部门等提供会计资料，但拒绝提供会计资料的行为。隐匿会计资料，是指故意转移、隐藏应当保存的会计凭证、会计账簿、财务会计报告的行为。拒不交出会计资料侧重于抗拒行政执法，隐匿会计资料侧重于故意转移、隐藏。因此，拒不交出会计资料与隐匿会计资料是不同的概念，不能混淆。

## 【问题080】 拒不交出会计资料是否触犯刑法？

是。根据《最高人民检察院 公安部关于公安机关管辖的刑事案件立案追诉标准的规定（二）》第八条的有关规定，隐匿或者故意销毁依法应当保存的会计凭证、会计账簿、财务会计报告，涉嫌下列情形之一的，应予立案追诉：（一）隐匿、故意销毁的会计凭证、会计账簿、财务会计报告涉及金额在五十万元以上的；（二）依法应当向司法机关、行政机关、有关主管部门等提供而隐匿、故意销毁或者拒不交出会计凭证、会计账簿、财务会计报告的；（三）其他情节严重的情形。

### 【问题081】 如果被检查单位拒不交出会计资料，行政执法人员应该怎么办？

根据《最高人民检察院 公安部关于公安机关管辖的刑事案件立案追诉标准的规定（二）》第八条的有关规定，向被检查单位所在地公安机关报警，申请对其采取行政强制措施。

视频讲解

### 【问题082】 为何在会计工作的组织方式中新增兜底性规定？

根据当前各单位开展会计工作的新情况，允许单位可以按照国务院财政部门规定的其他方式组织会计工作。"国务院财政部门规定的其他方式"主要包括海南等地实行的财务集中核算（设立专门的事业单位集中记账）、中石油的财务共享中心（不同层级的关联公司账簿集中到某一层级）、村级会计委托代理服务（乡镇人民政府或街道办事处为村级组织代办会计业务）等，上述情形下记账的单位不属于中介机构，因此，需要增加兜底性规定。

视频讲解

### 【问题083】 会计师事务所从事代理记账业务是否需要审批？

否。根据《代理记账管理办法》（财政部令第98号）第三条的相关规定，除会计师事务所以外的机构从事代理记账业务应当经县级以上地方人民政府财政部门（以下简称审批机关）批准，领取由财政部统一规定样式的代理记账许可证书。具体审批机关由省、自治区、直辖市、计划单列市人民政府财政部门确定。会计师事务所及其分所可以依法从事代理记账业务。

### 【问题084】 申请代理记账资格的机构应当具备哪些条件？

根据《代理记账管理办法》（财政部令第98号）第四条的相关规定，申请代理记账资格的机构应当同时具备以下条件：（一）为依法设立的企业；（二）专职从业人员不少于3名；（三）主管代理记账业务的负责人具有会计师以上专业技术职务资格或者从事会计工作不少于三年，且为专职从业人员；（四）有健全的代理记账业务内部规范。代理记账机构从业人员应当具有会计类专业基础知识和业务技能，能够独立处理基本会计业务，并由代理记账机构自主评价认定。本条第一款所称专职从业人员是指仅在一个代理记账机构从事代理记账业务的人员。

### 【问题085】 代理记账机构可以接受委托办理哪些业务？

根据《代理记账管理办法》（财政部令第98号）第十一条的相关规定，代理记账机构可以接受委托办理下列业务：（一）根据委托人提供的原始凭证和其他相关资料，按照国家统一的会计制度的规定进行会计核算，包括审核原始凭证、填制记账凭证、登记会计账簿、编制财务会计报告等；（二）对外提供财务会计报告；（三）向税务机关提供税务资料；（四）委托人委托的其他会计业务。

## 【问题086】 代理记账机构违反《代理记账管理办法》相关规定，需要承担哪些法律责任？

根据《代理记账管理办法》（财政部令第98号）第二十二条的相关规定，代理记账机构违反本办法第七条、第八条、第九条、第十四条、第十六条规定，由县级以上人民政府财政部门责令其限期改正，拒不改正的，将代理记账机构及其负责人列入重点关注名单，并向社会公示，提醒其履行有关义务；情节严重的，由县级以上人民政府财政部门按照有关法律、法规给予行政处罚，并向社会公示。

《代理记账管理办法》（财政部令第98号）的具体规定，如下所示：

第七条 申请人应当自取得代理记账许可证书之日起20日内通过企业信用信息公示系统向社会公示。

第八条 代理记账机构名称、主管代理记账业务的负责人发生变更，设立或撤销分支机构，跨原审批机关管辖地迁移办公地点的，应当自作出变更决定或变更之日起30日内依法向审批机关办理变更登记，并应当自变更登记完成之日起20日内通过企业信用信息公示系统向社会公示。

代理记账机构变更名称的，应当向审批机关领取新的代理记账许可证书，并同时交回原代理记账许可证书。

代理记账机构跨原审批机关管辖地迁移办公地点的，迁出地审批机关应当及时将代理记账机构的相关信息及材料移交迁入地审批机关。

第九条 代理记账机构设立分支机构的，分支机构应当及时向其所在地的审批机关办理备案登记。

分支机构名称、主管代理记账业务的负责人发生变更的，分支机构应当按照要求向其所在地的审批机关办理变更登记。

代理记账机构应当在人事、财务、业务、技术标准、信息管理等方面对其设立的分支机构进行实质性的统一管理，并对分支机构的业务活动、执业质量和债务承担法律责任。

第十四条　代理记账机构及其从业人员应当履行下列义务：

（一）遵守有关法律、法规和国家统一的会计制度的规定，按照委托合同办理代理记账业务；

（二）对在执行业务中知悉的商业秘密予以保密；

（三）对委托人要求其作出不当的会计处理，提供不实的会计资料，以及其他不符合法律、法规和国家统一的会计制度行为的，予以拒绝；

（四）对委托人提出的有关会计处理相关问题予以解释。

第十六条　代理记账机构应当于每年4月30日之前，向审批机关报送下列材料：

（一）代理记账机构基本情况表；

（二）专职从业人员变动情况。

代理记账机构设立分支机构的，分支机构应当于每年4月30日之前向其所在地的审批机关报送上述材料。

### 【问题087】 代理记账机构及其负责人、主管代理记账业务负责人及其从业人员违反规定出具虚假申请材料或者备案材料的，需要承担哪些法律责任？

根据《代理记账管理办法》（财政部令第98号）第二十五条的相关规定，委托人向代理记账机构隐瞒真实情况或者委托人会同代理记账机构共同提供虚假会计资料的，应当承担相应法律责任。

## 【问题088】 代理记账机构从业人员在办理业务中违反会计法律、法规和国家统一的会计制度的规定，需要承担哪些法律责任？

根据《代理记账管理办法》（财政部令第98号）第二十四条的相关规定，代理记账机构从业人员在办理业务中违反会计法律、法规和国家统一的会计制度的规定，造成委托人会计核算混乱、损害国家和委托人利益的，由县级以上人民政府财政部门依据《中华人民共和国会计法》等有关法律、法规的规定处理。

代理记账机构有前款行为的，县级以上人民政府财政部门应当责令其限期改正，并给予警告；有违法所得的，可以处违法所得3倍以下罚款，但最高不得超过3万元；没有违法所得的，可以处1万元以下罚款。

## 【问题089】 会计机构内部稽核工作的主要内容有哪些？

从会计工作实际情况看，会计机构内部稽核工作一般包括以下主要内容：一是审核财务、成本、费用等计划指标项目是否齐全，编制依据是否可靠，有关计算是否正确，各项计划指标是否互相衔接等。审核之后应提出建议或意见，以便修改和完善计划与预算。二是审核实际发生的经济业务或财务收支是否符合现行法律、法规、规章制度的规定。对审核中发现的问题，及时予以制止或者纠正。三是审核会计凭证、会计账簿、财务会计报告和其他会计资料的内容是否真实、完整，计算是否正确，手续是否齐全，是否符合有关法律、法规、规章、制度的规定。四是审核各项财产物资的增减变动和结存情况，并与账面记录进行核对，确定账实是否相符。不符时，应查明账实不符的原因，并提出改进的措施。

# 关于"第四章 会计机构和会计人员"

**【问题090】** 会计人员从事会计工作,应当符合哪些要求?

根据《会计人员管理办法》(财会〔2018〕33号)第三条的相关规定,会计人员从事会计工作,应当符合下列要求:(一)遵守《中华人民共和国会计法》和国家统一的会计制度等法律法规;(二)具备良好的职业道德;(三)按照国家有关规定参加继续教育;(四)具备从事会计工作所需要的专业能力。

**【问题091】** 如何判断会计人员是否具备从事会计工作所需要的专业能力?

根据《会计人员管理办法》(财会〔2018〕33号)第四条的相关规定,会计人员具有会计类专业知识,基本掌握会计基础知识和业务技能,能够独立处理基本会计业务,表明具备从事会计工作所需要的专业能力。单位应当根据国家有关法律法规和本办法有关规定,判断会计人员是否具备从事会计工作所需要的专业能力。

## 【问题092】 会计人员需要遵守的国家有关保密规定有哪些？

会计人员需要遵守的国家有关保密规定主要包括：

（1）涉及国家秘密和工作秘密的《中华人民共和国保守国家秘密法》（2024年修订）；

（2）涉及商业秘密的《中华人民共和国反不正当竞争法》（2019年修正）；

（3）涉及个人隐私的《中华人民共和国民法典》（2020年）；

（4）涉及个人信息的《中华人民共和国个人信息保护法》（2021年）等。

视频讲解

## 【问题093】 为何新增会计人员保密要求？

新增会计人员保密要求是落实会计信息安全要求的具体举措。

视频讲解

## 【问题094】 会计人员职业道德规范具体包括哪些内容？

根据《会计人员职业道德规范》（财会〔2023〕1号）的相关规定，会计人员应当遵守"三坚三守"的职业道德规范。具体而言，一是坚持诚信，守法奉公。牢固树立诚信理念，以诚立身、以信立业，严于律己、心存敬畏。学法知法守法，公私分明、克己奉

视频讲解

公，树立良好职业形象，维护会计行业声誉。二是坚持准则，守责敬业。严格执行准则制度，保证会计信息真实完整。勤勉尽责、爱岗敬业，忠于职守、敢于斗争，自觉抵制会计造假行为，维护国家财经纪律和经济秩序。三是坚持学习，守正创新。始终秉持专业精神，勤于学习、锐意进取，持续提升会计专业能力。不断适应新形势新要求，与时俱进、开拓创新，努力推动会计事业高质量发展。

## 【问题095】 会计人员在什么情况下不得再从事会计工作？

根据新会计法第三十八条的相关规定，因有提供虚假财务会计报告，做假账，隐匿或者故意销毁会计凭证、会计账簿、财务会计报告，贪污，挪用公款，职务侵占等与会计职务有关的违法行为被依法追究刑事责任的人员，不得再从事会计工作。

## 【问题096】 会计人员在什么情况下需要与接管人员办清交接手续？

一是根据新会计法第三十九条的相关规定，会计人员调动工作或者离职，必须与接管人员办清交接手续。

二是根据《会计基础工作规范（征求意见稿）》第五十五条的相关规定，会计人员临时离职或者因病不能工作且需要接管或者代理的，会计机构负责人（会计主管人员）或者单位负责人必须指定有关人员接管或者代理，并办理交接手续。临时离职或者因病不能工作的会计人员恢复工作的，应当与接管或者代理人员办理交接手续。移交人员因病或者其他特殊原因不能亲自办理移交的，经会计机构负责人（会计主管人员）或者单位负责人批准，可由移交人员委托他人代办移交，但委托人应当承担本规范第六十三条规定的责任。

## 【问题097】 没有办清交接手续时，会计人员是否可以调动或者离职？

根据《会计基础工作规范（征求意见稿）》第五十四条的相关规定，没有办清交接手续的，不得调动或者离职。

## 【问题098】 会计人员办理移交手续前，需要做好哪些准备工作？

根据《会计基础工作规范（征求意见稿）》第五十六条的相关规定，会计人员办理移交手续前，必须及时做好以下工作：（一）已经受理的经济业务事项尚未填制会计凭证的，应当填制完毕。（二）尚未登记的账目，应当登记完毕，并在最后一笔余额后由经办人员签名或者盖章。（三）整理应该移交的各项资料，对未了事项写出书面材料。（四）编制移交清册，列明应当移交的会计凭证、会计账簿、财务会计报告，以及印章、库存现金、有价证券、支票簿、发票、文件、其他会计资料和物品等内容。实行会计信息化的单位，从事该项工作的移交人员还应当在移交清册中列明电子数字证书、会计软件数据载体及有关资料、实物等内容。

# 关于"第五章　法律责任"

## 【问题099】 新会计法为何加大法律责任追究力度？

（一）加大法律责任追究力度是贯彻落实党中央、国务院关于加强财会监督工作决策部署的必然要求

习近平总书记曾多次对财会监督工作作出重要论述，强调"审计监督、财会监督、统计监督都是党和国家监督体系的重要组成部分"，"要形成巡视监督、审计监督、财会监督合力，健全相关法律法规"，"要严肃财经纪律，维护财经秩序，健全财会监督机制"等，对做好新时代财会监督工作提出了更高要求，提供了根本遵循。

2023年2月，中共中央办公厅、国务院办公厅印发了《关于进一步加强财会监督工作的意见》（以下简称《意见》），这是以习近平同志为核心的党中央对新时代财会监督工作的系统谋划和重大决策，是健全完善财会监督体制机制的重大顶层设计，是做好新时代财会监督工作的纲领性文件和行动指南。《意见》明确提出要严厉打击财务会计违法违规行为，坚持"强穿透、堵漏洞、用重典、正风气"，加强对会计信息质量的监督，依法严厉打击伪造会计账簿、虚构经济业务、滥用会计准则等会计违法违规行为，从严从重查处影响恶劣的财务舞弊、会计造假案件，强化对相关责任人的追责问责，持续提升会计信息质量。为贯彻落实党中央、国务院关于加强财会监督的决策部署，严厉打击财务造假等会计违法行为，在新会计法中加大对财务造假等会计

违法行为的法律责任追究力度恰当其时。

（二）加大法律责任追究力度是有效防范遏制财务造假、维护社会主义市场经济秩序的现实需要

会计信息是经济信用体系的基础，只有促使微观市场主体"财务账本"信息真实准确，才能确保国家宏观信息可靠、信用体系稳固。会计记录反映经济活动，一旦发生会计信息失真甚至财务造假，常常伴随偷漏税、违规贷款、国有资产流失、资本市场虚假信息披露等诸多连锁问题，甚至引发类似安然事件的系统性风险。

近年来，康得新、康美药业、瑞幸咖啡、华融、恒大地产等境内外上市公司财务造假，严重扰乱社会主义市场经济秩序，给投资者造成重大损失，引起社会广泛关注。但是原会计法对财务造假当事人处罚标准明显偏低，违法成本与造假获利显著不匹配，如对财务造假企业的处罚上限仅为10万元，难以形成有效震慑。为严厉打击财务造假等会计违法行为，维护社会主义市场经济秩序，在新会计法中加大对财务造假等会计违法行为的法律责任追究力度势在必行。

（三）加大法律责任追究力度是加强会计法与其他法律处罚标准相衔接、维护公平正义的具体举措

加强法律之间处罚标准相衔接，有助于提高法律体系的协调性和一致性，形成统一高效的执法环境。会计法、注册会计师法、证券法等共同构建起了防范遏制会计违法行为、提高会计信息质量的法律体系。原会计法对单位财务造假的处罚标准是五千元以上十万元以下的罚款；注册会计师法对中介机构审计造假的处罚标准是没收违法所得，并处违法所得一倍以上五倍以下的罚款；证券法对上市公司信息披露造假的处罚标准是一百万元以上一千万元以下的罚款。当因财务造假同时追究会计责任、审计责任、信息披露责任时，原会计法相对较低的处罚标准容易导致财务造假罚款金额显著低于审计造假和信息披露造假罚款金额。

参照其他相关法律的处罚标准和处罚力度，加大会计违法行为法律责任追究力度，能够有效解决相关法律对财务造假和审计造假、信息披露造假罚款金额相差较大的问题，提高相关法律的协调性和一致性，为防范遏制财务造假等会计违法行为提供更加有力的法治保障。为加强会计法与其他法律处罚标准的平衡和衔接，维护社会的公平正义，在新会计法中加大对财务造假等会计违法行为的法律责任追究力度十分必要。

## 【问题100】 新会计法加大法律责任追究力度的具体体现是什么？

新会计法遵循"过罚相当"原则，根据违法行为情节轻重设置罚款金额的幅度区间，大幅提高处罚力度。

### （一）提高不依法设置会计账簿、随意变更会计处理方法等一般会计违法行为的罚款金额上限

新会计法对于一般会计违法行为的认定，与原会计法保持一致。新会计法在增加"由县级以上人民政府财政部门给予警告、通报批评"的基础上，提高违法行为罚款金额。具体体现在以下两个方面：一是对单位而言，当违法行为情节较轻时，罚款金额的上限是二十万元；当违法行为情节较重时，罚款金额为二十万元以上一百万元以下。二是对个人而言，当违法行为情节较轻时，罚款金额的上限是五万元；当违法行为情节较重时，罚款金额为五万元以上五十万元以下。原会计法未根据违法行为情节轻重设置罚款额度的幅度区间，仅对单位和个人分别设置罚款额度，其中，对单位的罚款额度为三千元以上五万元以下，对个人的罚款额度为两千元以上两万元以下。

### （二）提高伪造、变造会计凭证、会计账簿以及编制虚假财务会计报告等财务造假违法行为的罚款金额上限

新会计法对于财务造假违法行为的认定，与原会计法基本保持一致，但将原会计法的第四十三条和第四十四条合并为一条。新会计法与证券法的处罚力度相衔接，在增加"由县级以上人民政府财政部门给予警告、通报批评，没收违法所得"的基础上，对单位的罚款金额以违法所得为参考系，采用倍比罚金制。其中，对违法所得在二十万元以上的，罚款金额为违法所得一倍以上十倍以下；对没有违法所得或者违法所得不足二十万元的，罚款金额为二十万元以上两百万元以下。对个人的罚款金额，根据违法行为情节轻重设置罚款金额的幅度区间并提高处罚金额，情节较轻时，罚款金额为十万元以上五十万元以下；情节较重时，罚款金额为五十万元以上二百万元以下。原会计法对单位的罚款金额为五千元以上十万元以下，对个人的罚款金额为三千元以上五万元以下。

### （三）提高授意、指使、强令会计机构、会计人员及其他人员伪造、变造会计凭证、会计账簿以及编制虚假财务会计报告等违法行为的罚款金额上限

新会计法对于授意、指使、强令会计机构、会计人员及其他人员进行财务造假的认定，与原会计法保持一致。新会计法在增加"由县级以上人民政府财政部门给予警告、通报批评"的基础上，根据违法行为情节轻重设置罚款金额的幅度区间，提高违法行为的罚款金额。其中，当违法行为情节较轻时，罚款金额为二十万元以上一百万元以下；当违法行为情节较重时，罚款金额为一百万元以上五百万元以下。原会计法对当事人的罚款金额为五千元以上五万元以下。

## 【问题101】 构成犯罪的条件有哪些？

（一）犯罪主体

犯罪主体是指实施犯罪行为的人。每一种犯罪，都必须有犯罪主体，有的犯罪是一个人实施的，犯罪主体就是一人，有的犯罪是数人实施的，犯罪主体就是数人。根据刑法规定，公司、企业、事业单位、机关、团体实施犯罪的，构成单位犯罪，因此，单位也可以成为犯罪主体。

视频讲解

（二）犯罪的主观方面

犯罪的主观方面是指犯罪主体对其实施的犯罪行为及其结果所具有的心理状态。犯罪主观方面的心理状态有两种，即故意和过失。比如犯贪污，犯罪人希望将公共财物据为己有；犯挪用公款罪，犯罪人希望挪用公款归个人使用。在单位构成犯罪的情况下，该单位对犯罪行为负有责任的人员也同样具有主观心理状态。

（三）犯罪的客观方面

犯罪的客观方面是指犯罪行为的具体表现。比如，犯隐匿、故意销毁会计凭证、会计账簿、财务会计报告罪，犯罪人具有隐匿、故意销毁会计资料的行为，等等。

（四）犯罪客体

犯罪客体是指刑法所保护而被犯罪行为所侵害的社会关系。犯罪客体和犯罪对象是不同的，犯罪对象是犯罪行为所直接针对的对象，如打击报复会计、统计人员罪，犯罪对象是具体的会计、统计人员，而犯罪客体是指刑法所保护的公民人身权利不受非法侵害的这种社会关系。

需要明确的是，构成犯罪的上述要件，是由刑法明文规定的，要结合刑法中各个罪名来进行具体认定。是否构成犯罪应当根据刑法中具体罪名的规定来进行判断，同时与具体罪名相配套的司法解释也对入罪数额、入罪情节等条件作出详细规定。如果达不到刑法、相配套司法解释规定的条件，不应被认定为犯罪的，也就不需要追究刑事责任。司法实践中，对犯罪嫌疑人犯罪事实的认定以查证属实的证据来判定，未经人民法院审判，不能确定任何人有罪。

## 【问题102】 什么情况下可以从轻、减轻行政处罚？

根据《中华人民共和国行政处罚法》（2021年修订）第三十二条的相关规定，当事人有下列情形之一，应当从轻或者减轻行政处罚：

（一）主动消除或者减轻违法行为危害后果的；
（二）受他人胁迫或者诱骗实施违法行为的；
（三）主动供述行政机关尚未掌握的违法行为的；
（四）配合行政机关查处违法行为有立功表现的；
（五）法律、法规、规章规定其他应当从轻或者减轻行政处罚的。

视频讲解

## 【问题103】 什么情况下可以不予行政处罚？

根据《中华人民共和国行政处罚法》（2021年修订）第三十三条的相关规定，违法行为轻微并及时改正，没有造成危害后果的，不予行政处罚。初次违法且危害后果轻微并及时改正的，可以不予行政处罚。

当事人有证据足以证明没有主观过错的，不予行政处罚。法律、行政法规另有规定的，从其规定。

视频讲解

对当事人的违法行为依法不予行政处罚的,行政机关应当对当事人进行教育。

## 【问题104】 会计违法行为同时违反其他法律规定的,有关部门应当如何处理?

根据新会计法第四十七条的相关规定,违反本法规定,同时违反其他法律规定的,由有关部门在各自职权范围内依法进行处罚。

视频讲解

根据《中华人民共和国行政处罚法》(2021年修订)第二十九条的相关规定,对当事人的同一个违法行为,不得给予两次以上罚款的行政处罚。同一个违法行为违反多个法律规范应当给予罚款处罚的,按照罚款数额高的规定处罚。

对法条竞合的处理原则一般是:当法条重合时,特别法优于普通法;在某些特殊情况下适用重法优于轻法原则。

## 【问题105】 法人、法人代表、法定代表人的区别是什么?

法人,法律上拟制的人,是与自然人相对的一个概念,是具有民事权利和民事行为能力,依法独立享有民事权利和承担民事义务的组织。法人的实质,是一定社会组织在法律上的人格化。最常见的法人如"有限责任公司""股份有限公司"等。因此,大家常听到"这个单位的法人是某某"的说法是错误的。

法人代表,也可称为法人的授权代表,这个代表可以是甲,也可以是乙,他/她不是固定的,而是取决于法人的授权,这个授权可以一事一授权,也可以是一揽子事项的授权。这与法定代表人是完全不同的两个概念。

法定代表人，根据《中华人民共和国民法典》（2020年）第六十一条的相关规定，依照法律或者法人章程的规定，代表法人从事民事活动的负责人，为法人的法定代表人。这就是说，作为法定代表人必须是法人组织的负责人，能够代表法人行使职权。法定代表人可以由厂长、经理担任，也可以由董事长、理事长担任，这主要看法律或章程如何规定。法定代表人代表企业法人的利益，按照法人的意志行使法人权利。法定代表人在企业内部负责组织和领导生产经营活动；对外代表企业，全权处理一切民事活动。法定代表人的权力，是由法人赋予的，法人对法定代表人的正常活动承担民事责任。但是代表人的行为超出法人授予的权利范围，法人就可能为其承担责任。

# 关于"第六章 附则"

## 【问题106】 个体工商户是否适用会计法?

根据新会计法第五十条的规定,个体工商户会计管理的具体办法,由国务院财政部门根据本法的原则另行规定。这意味着个体工商户不直接适用《中华人民共和国会计法》,但其会计管理的具体办法将依据该法的原则制定。因此,个体工商户在进行会计事务时,应当遵循相关法规和国务院财政部门制定的具体管理办法。

## 【问题107】 新会计法的施行时间是何时?

根据《立法技术规范(试行)(一)》(法工委发〔2009〕62号),法律修改形式分为法律修正和法律修订。其中,法律修正包括两种形式,一种是法律修正案,另一种是法律修改决定。此次会计法修改是采用修改决定形式进行的修改,修改的内容自2024年7月1日起施行,未修改的内容仍按原施行时间施行,即《关于修改〈中华人民共和国会计法〉的决定》自2024年7月1日起施行,而根据修改决定,重新公布的修改后的法律文本,仍自2000年7月1日起施行。

## 第三部分

# 行政处罚典型案例

# 第一章

# 一般会计违法行为

## 一、不依法设置会计账簿

**【案例 1-1-1】 未依法设置总账、明细账**

HN省LB市财政局依法对YX药业有限责任公司开展会计信息质量检查，检查发现该单位只能提供会计记账凭证及财务报表，未提供总账、明细账，未依法设置总账、明细账。

上述行为违反了原会计法第三条"各单位必须依法设置会计帐簿，并保证其真实、完整"的规定。

HN省LB市财政局依据原会计法第四十二条第一款第（一）项"不依法设置会计帐簿的"规定，对YX药业有限责任公司处以4万元罚款。

**【案例 1-1-2】 未设置总账、明细账等会计账簿**

CZ部依法对LL管理有限公司进行会计信息质量检查，检查发现该单位使用电子计算机进行会计核算，但未按照国家统一会计制度的规定设置总账、明细账等会计账簿。

上述行为违反了原会计法第十三条第二款"使用电子计算机进行会计核算的，其软件及其生成的会计凭证、会计帐簿、财务会计报告和其他会计资料，也必须符合国家统一的会计制度的规定"和第十五条第三款"使用电子计算机进行会计核算的,其会计帐簿的登记、更正,应当符合国家统一的会计制度的规定"的规定。

CZ部依据原会计法第四十二条第一款第(一)项"不依法设置会计帐簿的"规定,对LL管理有限公司处以3万元罚款。

【案例1-1-3】 未依法设置会计账簿,未编制会计凭证

TJ市财政局依法对ZND研究中心开展会计信息质量检查,检查发现该单位自成立至本次检查开始日,未依法设置会计账簿,未编制会计凭证,仅有银行存款流水账。

视频讲解

上述行为违反了原会计法第三条"各单位必须依法设置会计帐簿,并保证其真实、完整"的规定。

TJ市财政局依据原会计法第四十二条第一款第(一)项"不依法设置会计帐簿的"规定,对ZND研究中心处以3万元罚款。

## 二、私设会计账簿

【案例1-2-1】 以个人名义开立账户存储公司资金

HLJ省财政厅依法对HRB儿童制药厂进行会计信息质量检查,检查发现该单位以个人名义开立账户存储公司资金6 836.4万元,其中以"促销费"名义支付给经销商个人1 749.6万元,形成公司资金在个人账户存储并在公司账外循环使用。

上述行为违反了原会计法第十六条"各单位发生的各项经济业务事项应当在依法设置的会计帐簿上统一登记、核算,不得违反本法和国家统一的会计制度的规定私设会计帐簿登记、核算"的规定。

HLJ省财政厅依据原会计法第四十二条第一款第(二)项"私设会计帐簿的"规定,对HRB儿童制药厂处以5万元罚款。

**【案例1-2-2】 收入未记入公司账**

HN省CZ市财政局依法对DYB代理记账公司进行会计信息质量检查，检查发现该单位收取92家代理记账客户的代理记账收入25.46万元未记入公司账，并漏缴相关税费。

上述行为违反了原会计法第十六条"各单位发生的各项经济业务事项应当在依法设置的会计帐簿上统一登记、核算，不得违反本法和国家统一的会计制度的规定私设会计帐簿登记、核算"的规定。

HN省CZ市财政局依据原会计法第四十二条第一款第（二）项"私设会计帐簿的"规定，对DYB代理记账公司处以1万元罚款。

**【案例1-2-3】 收支未纳入学校基本账户，私设账外账核算**

HN省HH市财政局依法对TL第一小学进行会计信息质量检查，检查发现该单位2016年至2017年食堂收取学生伙食费收入416万元，经校委会集体研究决定，其中除96万元学生伙食费存入市财政非税收入汇缴结算户外，其余320万元分别存入副校长陈某某、会计杨某某个人存款账户94万元、226万元，收支未纳入学校基本账户，私设账外账核算，截至2017年12月，余额为零。2016年3月至2017年12月，该单位会计杨某某公款私存期间使用公款购买银行理财产品获取理财分红1.6万元，据为己有。

上述行为违反了原会计法第十六条"各单位发生的各项经济业务事项应当在依法设置的会计帐簿上统一登记、核算，不得违反本法和国家统一的会计制度的规定私设会计帐簿登记、核算"的规定。

HN省HH市财政局依据原会计法第四十二条第一款第（二）项"私设会计帐簿的"规定，对TL第一小学处以2万元罚款，对会计杨某某处以5 100元罚款。

【案例1-2-4】 以村干部个人银行账户进行会计核算

CQ市WZ区财政局依法对该区A村村民委员会开展会计信息质量检查，检查发现该单位于2011年5月分别与3家建筑公司签订"房屋代建合同"，共计获取100万元的土地及基础设施建设费，存入村干部个人银行账户，用于农民新村建设，已支出99.946万元，结余0.054万元。

视频讲解

上述行为违反了原会计法第十六条"各单位发生的各项经济业务事项应当在依法设置的会计帐簿上统一登记、核算，不得违反本法和国家统一的会计制度的规定私设会计帐簿登记、核算"的规定。

CQ市WZ区财政局依据原会计法第四十二条第一款第（二）项"私设会计帐簿的"规定，对A村村民委员会处以3 000元罚款。

## 三、未按照规定填制、取得原始凭证或者填制、取得的原始凭证不符合规定

【案例1-3-1】 缺少原始单据

GD省GY市财政局根据市审计局移送的关于JY广播电视台2020—2021年部分差旅费发放不规范的问题线索，对JY广播电视台进行立案调查。调查发现该单位存在以下违法事实：一是大部分报销单据后均没有附反映支出明细内容的原始单据。二是部分后附的《外出采访误餐审批表》未经中心负责人、台分管中心领导签名审批。

上述行为违反了原会计法第十四条第二款"办理本法第十条所列的经济业务事项，必须填制或者取得原始凭证并及时送交会计机构"的规定。

GD省GY市财政局依据原会计法第四十二条第一款第（三）项"未按照规定填制、取得原始凭证或者填制、取得的原始凭证不符合规定的"规定，对JY广播电视台处以5 000元罚款。

**【案例1-3-2】 记账凭证不规范**

HN省HK市财政局依法对XH会计服务有限公司开展会计信息质量检查，检查发现该单位在代理记账过程中存在以下问题：一是客户甲公司2021年第一季度的凭证装订封面填写不规范，财务主管、会计、装订人、保管年限均为空白；二是客户乙公司2021年2月5号、3月6号凭证中定额发票开票日期未填写。

上述行为违反了原会计法第十四条第五款"记帐凭证应当根据经过审核的原始凭证及有关资料编制"和《会计基础工作规范》第五十五条"（三）记帐凭证应当连同所附的原始凭证或者原始凭证汇总表，按照编号顺序，折叠整齐，按期装订成册，并加具封面，注明单位名称、年度、月份和起讫日期、凭证种类、起讫号码，由装订人在装订线封签处签名或者盖章"的规定。

HN省HK市财政局依据原会计法第四十二条第一款第（三）项"未按照规定填制、取得原始凭证或者填制、取得的原始凭证不符合规定的"规定，对XH会计服务有限公司处以3 000元罚款，对法定代表人张某某处3 000元罚款。

**【案例1-3-3】 填制、取得的原始凭证不符合规定**

HN省XX市HQ区财政局依法对DY税务服务有限公司开展会计信息质量检查，检查发现该单位存在以下问题：一是记账凭证摘要填写不明确，不能正确反映业务内容；二是记账凭证后应附未附原始单据；三是原始凭证不合规（比如：以现金形式发放工资，工资表无领取人员签字，且未附考勤表；未取得正式发票；发票信息不完整等）。

上述行为违反了原会计法第十四条第三款"会计机构、会计人员必须按照国家统一的会计制度的规定对原始凭证进行审核,对不真实、不合法的原始凭证有权不予接受,并向单位负责人报告;对记载不准确、不完整的原始凭证予以退回,并要求按照国家统一的会计制度的规定更正、补充"和第五款"记帐凭证应当根据经过审核的原始凭证及有关资料编制"的规定。

HN省XX市HQ区财政局依据原会计法第四十二条第一款第(三)项"未按照规定填制、取得原始凭证或者填制、取得的原始凭证不符合规定的"规定,对DY税务服务有限公司处以3 000元罚款。

【案例1-3-4】 取得的原始凭证不符合规定

某县级以上人民政府财政部门依法对XY制药公司开展会计信息质量检查,检查发现该单位2018年度列支兼职业务员费用、办公租赁费用1 137万元,但后附原始凭证为加油发票和运输发票。

视频讲解

上述行为违反了原会计法第十四条第三款"会计机构、会计人员必须按照国家统一的会计制度的规定对原始凭证进行审核,对不真实、不合法的原始凭证有权不予接受,并向单位负责人报告;对记载不准确、不完整的原始凭证予以退回,并要求按照国家统一的会计制度的规定更正、补充"和第五款"记帐凭证应当根据经过审核的原始凭证及有关资料编制"的规定。

财政部门依据原会计法第四十二条第一款第(三)项"未按照规定填制、取得原始凭证或者填制、取得的原始凭证不符合规定的"规定,对XY制药公司处以5万元罚款。

## 四、以未经审核的会计凭证为依据登记会计账簿或登记会计账簿不符合规定

**【案例1-4-1】 账实不符**

HN省LB市财政局依法对LB市疾病预防控制中心开展会计信息质量检查,检查发现该单位存货疫苗项目存在约392万元的账实不符,差额形成主要是由于LB市疾病预防控制中心在向乡镇发出疫苗时,未及时冲减存货所致。

上述行为违反了原会计法第九条"各单位必须根据实际发生的经济业务事项进行会计核算,填制会计凭证,登记会计帐簿,编制财务会计报告"的规定。

HN省LB市财政局依据原会计法第四十二条第一款第(四)项"以未经审核的会计凭证为依据登记会计帐簿的或者登记会计帐簿不符合规定的"规定,对LB市疾病预防控制中心处以3 000元罚款。

**【案例1-4-2】 以未经审核的会计凭证登记会计账簿**

BJ市CY区财政局依法对PTKT会计服务公司进行会计信息质量检查,检查发现该单位存在以未经审核的会计凭证登记会计账簿的行为,该单位2021年12月22号凭证支付车辆车险费,涉及金额4 773.39元,附件发票金额4 023.39元,报销金额与发票金额不一致,且账面固定资产无车辆、企业亦无租车。

视频讲解

上述行为违反了原会计法第十五条第一款"会计帐簿登记,必须以经过审核的会计凭证为依据,并符合有关法律、行政法规和国家统一的会计制度的规定"的规定。

BJ市CY区财政局依据原会计法第四十二条第一款第(四)项"以未经审核的会计凭证为依据登记会计帐簿的或者登记会计帐簿不

符合规定的"规定，对PTKT会计服务公司处以3 000元罚款。

## 五、随意变更会计处理方法

**【案例1-5-1】 固定资产累计折旧处理不规范**

HN省NX县财政局依法对县水利局开展会计信息质量检查，检查发现该单位存在以下问题：一是固定资产分类与固定资产累计折旧分类不匹配，固定资产分5类，固定资产折旧分4类；二是固定资产累计折旧没有按月计提。

视频讲解

上述行为违反了原会计法第十八条"各单位采用的会计处理方法，前后各期应当一致，不得随意变更；确有必要变更的，应当按照国家统一的会计制度的规定变更，并将变更的原因、情况及影响在财务会计报告中说明"的规定。

HN省NX县财政局依据原会计法第四十二条第一款第（五）项"随意变更会计处理方法的"规定，对县水利局处以5 000元罚款。

**【案例1-5-2】 收入成本跨期确认**

CZ部依法对YF电工股份有限公司进行会计信息质量检查，检查发现该单位存在收入成本跨期确认问题，导致2022年少计营业收入680余万元、少计营业成本700余万元、少计损失约23万元。若该交易确认在2022年，该公司2022年度利润表将由盈转亏。

上述行为违反了原会计法第九条"各单位必须根据实际发生的经济业务事项进行会计核算，填制会计凭证，登记会计帐簿，编制财务会计报告。任何单位不得以虚假的经济业务事项或者资料进行会计核算"和第二十六条"公司、企业进行会计核算不得有下列行为：（一）随意改变资产、负债、所有者权益的确认标准或者计量方法，虚列、多列、不列或者少列资产、负债、所有者权益；（二）虚列或者隐瞒收入，推迟或者提前确认收入；（三）随意改变费用、成本的确认标准或者计量方法，虚列、多列、不列或者少列费用、成本；（四）随意调整利润的计算、分配方法，编造虚假利润或者隐瞒利润；（五）违反国家统一的会计制度规定的其他行为。"等规定。

CZ部依据原会计法第四十二条第一款第（五）项"随意变更会计处理方法的"规定，对YF电工股份有限公司处以3万元的罚款。

## 六、向不同的会计资料使用者提供的财务会计报告编制依据不一致

**【案例1-6-1】** 向不同的会计资料使用者提供编制依据不一致的财务会计报告

CZ部依法对LYCF集团有限公司进行会计信息质量检查，检查发现该单位2020年、2021年向不同的会计资料使用者提供编制依据不一致的财务会计报告，同一年度两份财务会计报告载有的资产、负债、所有者权益等方面的金额存在明显较大差异。

视频讲解

上述行为违反了原会计法第二十条第二款"……向不同的会计资料使用者提供的财务会计报告，其编制依据应当一致……"等规定。

CZ部依据原会计法第四十二条第一款第（六）项"向不同的会计资料使用者提供的财务会计报告编制依据不一致的"的规定，对LYCF集团有限公司处以5万元罚款。

**【案例1-6-2】** 向检查组提供的财务会计报告与审计报告中的不同

HN省财政厅依法对DL资产评估公司进行会计信息质量检查，检

查发现该单位向检查组提供的2021年度和2022年度的资产负债表、利润表数据与会计师事务所提供的审计报告中同期资产负债表、利润表数据不一致。

上述行为违反了原会计法第二十条第二款"……向不同的会计资料使用者提供的财务会计报告，其编制依据应当一致……"的规定。

HN省财政厅依据原会计法第四十二条第一款第（六）项"向不同的会计资料使用者提供的财务会计报告编制依据不一致的"的规定，对DL资产评估公司处以2万元罚款。

## 七、未按照规定使用会计记录文字或者记账本位币

**【案例1-7-1】 会计科目以英文列示**

CZ部依法对MK公司进行会计信息质量检查，检查发现该单位会计科目根据境外母公司统一的代码设置，以英文列示，未使用中文。

上述行为违反了原会计法第二十二条"会计记录的文字应当使用中文。在民族自治地方，会计记录可以同时使用当地通用的一种民族文字。在中华人民共和国境内的外商投资企业、外国企业和其他外国组织的会计记录可以同时使用一种外国文字"的规定。

视频讲解

CZ部依据原会计法第四十二条第一款第（七）项"未按照规定使用会计记录文字或者记帐本位币的"规定，对MK公司处以3万元罚款。

**【案例1-7-2】 仅提供罗马尼亚文字报表**

BJ市DC区财政局依法对DC商业网点管理处进行会计信息质量检查，检查发现该单位对外投资了一家外资餐厅，向检查组仅提供了罗

马尼亚文字报表，未提供中文报表。

上述行为违反了原会计法第二十二条"会计记录的文字应当使用中文。在民族自治地方，会计记录可以同时使用当地通用的一种民族文字。在中华人民共和国境内的外商投资企业、外国企业和其他外国组织的会计记录可以同时使用一种外国文字"的规定。

BJ市DC区财政局依据原会计法第四十二条第一款第（七）项"未按照规定使用会计记录文字或者记帐本位币的"规定，对DC商业网点管理处处以3 000元罚款。

## 八、未按照规定保管会计资料，致使会计资料毁损、灭失

### 【案例1-8-1】 丢失明细账目资料

GD省GZ市ZC区财政局根据"12345"关于CZ物业公司丢失会计资料的举报线索，对CZ物业公司进行立案调查。调查发现该单位存在以下违法事实：一是丢失某小区2014—2020年部分资料（包括停车费、电梯广告、快递柜、通风营运设备等）；二是丢失某小区2014—2016年明细账目资料。

上述行为违反了原会计法第二十三条"各单位对会计凭证、会计帐簿、财务会计报告和其他会计资料应当建立档案，妥善保管。会计档案的保管期限和销毁办法，由国务院财政部门会同有关部门制定"的规定。

GD省GZ市ZC区财政局依据原会计法第四十二条第一款第（八）项"未按照规定保管会计资料，致使会计资料毁损、灭失的"规定，对CZ物业公司处以5 000元罚款，对潘某某（法人、总经理）处以3 000元罚款，对徐某（小区物业主管）处以2 000元罚款。

### 【案例1-8-2】 会计资料灭失

HN省HJ县财政局根据县审计局移送的关于县高级中学食堂会计资料丢失的问题线索，对县高级中学进行立案调查。调查发现该单位存在"2017年暑期学校食堂拆除，造成2017年春季学生食堂会计资料灭失"的事实，致使在各项检查中不能提供相关资料。

视频讲解

上述行为违反了原会计法第二十三条"各单位对会计凭证、会计帐簿、财务会计报告和其他会计资料应当建立档案，妥善保管。会计档案的保管期限和销毁办法，由国务院财政部门会同有关部门制定"的规定。

HN省HJ县财政局依据原会计法第四十二条第一款第（八）项"未按照规定保管会计资料，致使会计资料毁损、灭失的"规定，对县高级中学处以1.5万元罚款。

### 【案例1-8-3】 会计凭证丢失

TJ市财政局依法对TJ对外科学技术交流中心进行会计信息质量检查，检查发现该单位因未对会计资料进行妥善保管，导致2005年1月会计凭证丢失。

上述行为违反了原会计法第二十三条"各单位对会计凭证、会计帐簿、财务会计报告和其他会计资料应当建立档案，妥善保管。会计档案的保管期限和销毁办法，由国务院财政部门会同有关部门制定"的规定。

TJ市财政局依据原会计法第四十二条第一款第（八）项"未按照规定保管会计资料，致使会计资料毁损、灭失的"规定，对TJ对外科学技术交流中心处以3 000元罚款。

# 九、未按照规定建立并实施单位内部会计监督制度或者拒绝依法实施的监督或者不如实提供有关会计资料及有关情况

**【案例1-9-1】 内部控制手续不齐全**

TJ市HD区财政局依法对TJ传统文化产业发展协会进行会计信息质量检查，检查发现该单位存在内部控制手续不齐全，存在记账凭证无经办人、负责人审批签字，支出用途未明确载明的情形。

上述行为违反了原会计法第二十五条"各单位应当建立、健全本单位内部会计监督制度，并将其纳入本单位内部控制制度……"的规定。

TJ市HD区财政局依据原会计法第四十二条第一款第（九）项"未按照规定建立并实施单位内部会计监督制度或者拒绝依法实施的监督或者不如实提供有关会计资料及有关情况的"规定，对TJ传统文化产业发展协会处以3 000元罚款。

**【案例1-9-2】 未按规定配合提供相关会计资料**

HN省SY市财政局于2019年9月23日依法对HH房地产开发有限公司开展会计信息质量检查，但HH房地产开发有限公司未按规定配合提供相关会计资料。SY市财政局于2019年11月11日下发了《SY市财政局责令（限期）改正通知书》，要求HH房地产开发有限公司限期三日内整改。SY市财政局执法人员于2019年12月3日现场检查，HH房地产开发有限公司仍未配合提供相关会计资料。

视频讲解

上述行为违反了原会计法第三十五条"各单位必须依照有关法律、行政法规的规定，接受有关监督检查部门依法实施的监督检查，

如实提供会计凭证、会计帐簿、财务会计报告和其他会计资料以及有关情况,不得拒绝、隐匿、谎报"的规定。

HN省SY市财政局依据原会计法第四十二条第一款第(九)项"未按照规定建立并实施单位内部会计监督制度或者拒绝依法实施的监督或者不如实提供有关会计资料及有关情况的"规定,对HH房地产开发有限公司处以5万元罚款。

【案例1-9-3】 未如实提供总账、明细账

HN省GS县财政局依法对GS县LSD乡卫生院进行会计信息质量检查,检查发现该单位存在以下问题:未如实提供2017年度总账、明细账,造成2017年总账、明细账、会计报表等账表不相符;总账与资产负债表"其他应收款、库存物资、固定资产、应付社会保障金、事业基金、专用基金、医疗卫生支出"等7个会计科目数字不一致;总账科目中没有"应交税费"科目,但在资产负债表中有该科目;明细账中未提供医疗卫生支出科目明细。

上述行为违反了原会计法第三十五条"各单位必须依照有关法律、行政法规的规定,接受有关监督检查部门依法实施的监督检查,如实提供会计凭证、会计帐簿、财务会计报告和其他会计资料以及有关情况,不得拒绝、隐匿、谎报"的规定。

HN省GS县财政局依据原会计法第四十二条第一款第(九)项"未按照规定建立并实施单位内部会计监督制度或者拒绝依法实施的监督或者不如实提供有关会计资料及有关情况的"的规定,对LSD乡卫生院处以5 000元罚款。

【案例1-9-4】 不如实提供有关会计资料

某自治区WZ市财政局依法对A公司进行会计信息质量检查,该单位在检查组进驻时,已承诺提供的财务会计及相关资料是真实的、完整的,但在检查过程中,检查组发现该单位提供的记账凭证多处断

号，经谈话询问，才将断号的部分会计凭证提供给检查组。郭某某作为公司财务负责人，对单位上述行为负直接责任。

上述行为违反了原会计法第三十五条"各单位必须依照有关法律、行政法规的规定，接受有关监督检查部门依法实施的监督检查，如实提供会计凭证、会计帐簿、财务会计报告和其他会计资料以及有关情况，不得拒绝、隐匿、谎报"。

WZ市财政局依据原会计法第四十二条第一款第（九）项"未按照规定建立并实施单位内部会计监督制度或者拒绝依法实施的监督或者不如实提供有关会计资料及有关情况的"的规定，对郭某某处以3 000元罚款。

## 十、任用会计人员不符合本法规定

### 【案例1-10-1】 会计、出纳由1人兼任

GZ省BJ市QXG区财政局依法对该区民族宗教事务局开展会计信息质量检查，检查发现该单位自2016年1月起至2023年5月，会计、出纳由1人兼任，单位的法人签章、会计私章、会计核算业务角色、Ukey、支票长期由1人保管；在更换财务人员时，未按要求办理移交手续。

上述行为违反了原会计法第三十七条第二款"出纳人员不得兼任稽核、会计档案保管和收入、支出、费用、债权债务账目的登记工作"和第四十一条"会计人员调动工作或者离职，必须与接管人员办清交接手续。一般会计人员办理交接手续，由会计机构负责人（会计主管人员）监交；会计机构负责人（会计主管人员）办理交接手续，由单位负责人监交，必要时主管单位可以派人会同监交"的规定。

GZ省BJ市QXG区财政局依据原会计法第四十二条第一款第（十）项"任用会计人员不符合本法规定的"规定，对该区民族宗教事务局处以5万元罚款。

**【案例1-10-2】** 会计人员未取得专业技术职务资格

某县级以上人民政府财政部门依法对辖区内A企业开展会计信息质量检查，检查发现该单位任命的会计机构负责人张某不仅未取得会计师以上专业技术职务资格，而且从事会计工作不足三年。

上述行为违反了原会计法第三十八条第二款"担任单位会计机构负责人（会计主管人员）的，应当具备会计师以上专业技术职务资格或者从事会计工作三年以上经历"的规定。

财政部门依据原会计法第四十二条第一款第（十）项"任用会计人员不符合本法规定的"规定，对A企业处以5 000元罚款。

**【案例1-10-3】** 任用会计人员有与会计职务有关的犯罪行为

某县级以上人民政府财政部门依法对辖区内B企业开展会计信息质量检查，检查发现该单位聘任的会计人员李某十年前曾因职务侵占被依法追究过刑事责任。

上述行为违反了原会计法第四十条"因有提供虚假财务会计报告，做假账，隐匿或者故意销毁会计凭证、会计账簿、财务会计报告，贪污，挪用公款，职务侵占

视频讲解

等与会计职务有关的违法行为被依法追究刑事责任的人员，不得再从事会计工作。"的规定。

财政部门依据原会计法第四十二条第一款第（十）项"任用会计人员不符合本法规定的"规定，对B企业处以5 000元罚款。

# 第二章

# 财务造假违法行为

## 一、伪造、变造会计凭证、会计账簿，编制虚假财务会计报告

**【案例2-1-1】 伪造财务原始单据**

GD省JX市财政局根据市审计局移送的关于XM种养专业合作社伪造财务原始单据的问题线索，对XM种养专业合作社进行立案调查。调查发现该单位存在以下违法事实：2022年7—10月，将XM种养专业合作社与其他公司之间银行转账客户回单采用修改"付款人名称"和"用途"的方式进行变造，并将变造后的银行回单入账。XM种养专业合作社共变造银行回单13张，面额共计879.5万元。

视频讲解

上述行为违反了原会计法第十三条第三款"任何单位和个人不得伪造、变造会计凭证、会计帐簿及其他会计资料，不得提供虚假的财务会计报告"和第十四条"……原始凭证记载的各项内容均不得涂改……"的规定。

GD省JX市财政局依据原会计法第四十三条的规定，对XM种养专业合作社处以9万元罚款，对林某某（法定代表人）处以4万元罚款。

**【案例2-1-2】 变造财务原始票据**

某自治区FY县财政局根据县审计局移送的关于县自然资源局变造财务原始票据的问题线索，对县自然资源局进行立案调查。调查发现该单位存在以下违法事实：2022年2月至12月，县自然资源局会计凭证中20张原始票据被涂改，共计0.15万元，其中19张过路费原始票据中车牌号被涂改，涉及金额0.12万元，1张油料发票备注栏车牌号被涂改，涉及金额0.03万元。

上述行为违反了原会计法第十三条第三款"任何单位和个人不得伪造、变造会计凭证、会计帐簿及其他会计资料，不得提供虚假的财务会计报告。"和第十四条"……原始凭证记载的各项内容均不得涂改……"的规定。

FY县财政局依据原会计法第四十三条的规定，对县自然资源局处以5 000元罚款，对财务分管领导马某和会计周某某分别处以4 000元和3 000元罚款。

**【案例2-1-3】 虚列成本、费用**

HB省XG市财政局依法对HAX会计师事务所进行会计信息质量检查，检查发现该单位存在虚列成本、费用18万元。其中：2021年9月11#凭证付出差补助9.8万元，仅附出差补助表，无审批、事由、出差记录等佐证资料；2021年9月12#凭证记录营业成本8.7万元，其中：支付某企业费用2.9万元，仅附定额发票，无其他证明资料，黄某某代付款项无付款记录；2021年12月15#凭证计提福利费5.5万元，无任何福利核算附件，截止到2021年12月31日尚未支付。

上述行为违反了原会计法第九条"各单位必须根据实际发生的经济业务事项进行会计核算，填制会计凭证，登记会计帐簿，编制财务会计报告。任何单位不得以虚假的经济业务事项或者资料进行会计核算"的规定。

HB省XG市财政局依据原会计法第四十三条的规定，对HAX会计师事务所处以5 000元罚款。

**【案例2-1-4】 存在虚假的经济业务事项**

GD省ZH市财政局根据市监察委员会移送的关于胡某财务造假相关问题线索进行立案调查，调查发现2015年5月至2018年3月，胡某在A公司任职财务总监并在B公司任职会计期间，受总经理刘某某指使，利用自己在其他公司兼职的便利，以单位的名义分别同6家公司虚设经济业务事项，再由上述公司虚开发票，胡某以虚开的发票为依据转出对应资金到开票公司并编制虚假的财务报告。开票公司对收到的资金扣除税费以后，通过转账或现金的方式交给胡某，胡某再以转账或现金的方式转交给刘某某。通过以上违法行为，胡某协助刘某某共套取公司现金250万元（其中2万元用于支付开票手续费，其余248万元均用于刘某某的个人消费），给A公司和B公司造成巨额的经济损失，致使两个公司的财务报告严重失真，扰乱了市场经济秩序。

上述行为违反了原会计法第九条"各单位必须根据实际发生的经济业务事项进行会计核算，填制会计凭证，登记会计帐簿，编制财务会计报告。任何单位不得以虚假的经济业务事项或者资料进行会计核算"和第十三条第三款"任何单位和个人不得伪造、变造会计凭证、会计帐簿及其他会计资料，不得提供虚假的财务会计报告"的规定。

GD省ZH市财政局依据原会计法第四十三条的规定，对胡某作出如下行政处罚：罚款4 800元、5年内不得从事会计工作。

**【案例2-1-5】 伪造验工计价原始凭证虚增收入和成本**

CZ部依法对BTHJ集团股份有限公司进行会计信息质量检查，检查发现该公司存在以下问题：一是通过伪造验工计价原始凭证虚增收入和成本；二是伪造债权债务转让协议。

视频讲解

上述行为违反了原会计法第九条"各单位必须根据实际发生的经济业务事项进行会计核算,填制会计凭证,登记会计帐簿,编制财务会计报告。任何单位不得以虚假的经济业务事项或者资料进行会计核算"和第十三条第三款"任何单位和个人不得伪造、变造会计凭证、会计帐簿及其他会计资料,不得提供虚假的财务会计报告"的规定。

CZ部依据原会计法第四十三条的规定,对BTHJ集团股份有限公司处以10万元罚款。

## 【案例2-1-6】 投资损失处理无凭无据

CZ部依法对ZSY国际投资有限公司进行会计信息质量检查。检查发现该单位持有澳大利亚箭牌项目50%的股份,2014年澳大利亚箭牌项目计提了资产减值损失,该公司相应确认投资损失19.39亿元。2014年末,该单位依据自身单方拟定,未获得合作伙伴认可,也未最终实施的商业计划,在合并报表层面直接冲减已确认的投资损失19.39亿元。2016年和2017年,该公司又重新确认投资损失19.39亿元,2016年确认10.02亿元,2017年确认9.37亿元。上述事项导致该公司2014年度利润总额多计19.39亿元,2016年度和2017年度利润总额分别少计10.02亿元和9.37亿元。

上述行为违反了原会计法第九条"各单位必须根据实际发生的经济业务事项进行会计核算,填制会计凭证,登记会计帐簿,编制财务会计报告。任何单位不得以虚假的经济业务事项或者资料进行会计核算"和第十三条第三款"任何单位和个人不得伪造、变造会计凭证、会计帐簿及其他会计资料,不得提供虚假的财务会计报告"的规定。

CZ部依据原会计法第四十三条的规定,对ZSY国际投资有限公司处以10万元罚款。

**【案例 2-1-7】 虚列会议费**

某县级以上人民政府财政部门依法对 SNF 制药公司开展会计信息质量检查，检查发现该单位列支医学领域的学术研讨或经验交流会议费 1.49 亿元。经对部分会议参会人员进行延伸访谈，相关医生表示会议不真实或未参加会议，涉及金额约 93 万元。

上述行为违反了原会计法第九条"各单位必须根据实际发生的经济业务事项进行会计核算，填制会计凭证，登记会计帐簿，编制财务会计报告。任何单位不得以虚假的经济业务事项或者资料进行会计核算"和第十三条第三款"任何单位和个人不得伪造、变造会计凭证、会计帐簿及其他会计资料，不得提供虚假的财务会计报告"的规定。

财政部门依据原会计法第四十三条的规定，对 SNF 制药公司处以 3 万元罚款。

**【案例 2-1-8】 篡改记账凭证**

CZ 部依法对 HB 煤炭投资开发有限公司开展会计信息质量检查，检查发现该单位通过进入财务系统篡改记账凭证的方式，将 2020 年 7 月至 12 月已入账的 19 笔销售业务形成的应收账款科目篡改为预付账款科目，导致 2020 年多计预付账款 6 949.95 万元，少计应收账款 6 949.95 万元。

上述行为违反了原会计法第九条"各单位必须根据实际发生的经济业务事项进行会计核算，填制会计凭证，登记会计帐簿，编制财务会计报告。任何单位不得以虚假的经济业务事项或者资料进行会计核算"和第十三条第三款"任何单位和个人不得伪造、变造会计凭证、会计帐簿及其他会计资料，不得提供虚假的财务会计报告"的规定。

CZ 部依据原会计法第四十三条的规定，对 HB 煤炭投资开发有限公司处以 5 万元罚款。

## 二、隐匿或者故意销毁依法应当保存的会计资料

**【案例2-2-1】** 隐匿、故意销毁会计凭证、会计账簿

SD省QX市财政局依法对HJ环保建材有限公司进行检查，检查发现该单位2020年隐匿、故意销毁会计凭证、会计账簿。

上述行为违反了原会计法第二十三条"各单位对会计凭证、会计帐簿、财务会计报告和其他会计资料应当建立档案，妥善保管。会计档案的保管期限和销毁办法，由国务院财政部门会同有关部门制定"和第三十五条"各单位必须依照有关法律、行政法规的规定，接受有关监督检查部门依法实施的监督检查，如实提供会计凭证、会计帐簿、财务会计报告和其他会计资料以及有关情况，不得拒绝、隐匿、谎报"的规定。

SD省QX市财政局依据原会计法第四十四条的规定，对HJ环保建材有限公司处以10万元罚款，对单位负责人褚某处以5万元罚款。

**【案例2-2-2】** 隐匿、故意销毁依法应当保存的会计资料

SD省QX市财政局依法对DM建材厂进行会计信息质量检查，检查发现该单位将会计资料隐匿，并以会计资料被雨淋湿后扔弃为由拒不向检查组交出。随后又将该单位含有电子会计账目的电脑硬盘换掉后扔弃；并将该单位的过磅单等会计资料烧毁。

视频讲解

上述行为违反了原会计法第二十三条"各单位对会计凭证、会计帐簿、财务会计报告和其他会计资料应当建立档案，妥善保管。会计档案的保管期限和销毁办法，由国务院财政部门会同有关部门制定"和第三十五条"各单位必须依照有关法律、行政法规的规定，接受有关监督检查部门依法实施的监督检查，如实提供会计凭证、会计帐簿、财务会计报告和其他会计资料以及有关情况，不得

拒绝、隐匿、谎报"的规定。

SD省QX市财政局依据原会计法第四十四条的规定，对DM建材厂处以5万元罚款，对单位负责人柳某某处以6 000元罚款，对会计主管杨某某处以6 000元罚款。

**【案例2-2-3】 隐匿依法应当保存的会计资料**

JS省RA市财政局根据市人民检察院移送线索进行立案调查，调查发现倪某某任职RA线毯厂出纳期间，自行保留RA线毯厂2022年1—8月会计原始凭证，经厂方和RA市经信局发函催告，至2023年6月仍未上交。2023年7月，公安部门经侦大队介入调查后，倪某某主动自首将相关凭证交给公安机关。

视频讲解

上述行为违反了原会计法第二十三条"各单位对会计凭证、会计帐簿、财务会计报告和其他会计资料应当建立档案，妥善保管。会计档案的保管期限和销毁办法，由国务院财政部门会同有关部门制定"和第三十五条"各单位必须依照有关法律、行政法规的规定，接受有关监督检查部门依法实施的监督检查，如实提供会计凭证、会计帐簿、财务会计报告和其他会计资料以及有关情况，不得拒绝、隐匿、谎报"的规定。

鉴于当事人属于初犯，且有自首行为、后果轻微等因素，JS省RA市财政局根据原会计法第四十四条的规定，对倪某某给予通报、3 000元罚款、5年内不得从事会计工作的行政处罚。

# 第三章

# 授意、指使、强令财务造假

**【案例3-1】 母公司指使子公司财务造假**

HN省财政厅依法对LY融资平台公司开展会计信息质量检查，检查发现LY市人民政府于2017年8月决定以该单位全资子公司——棚改公司为主体进行项目贷款，资金用于某居委会棚户区改造项目建设。2018年1月棚改公司以与政府签订的《政府购买服务》为质押向银行贷款2亿元。2018年8月，由于该项目被列入"停缓调撤"，至今未实施。为避免资金闲置，2020年6月30日，该公司指使棚改公司以支付"拆迁款"名义，将贷款资金中的11 118.94万元支付至117位个人卡上，并以代扣"购房款"名义，将拆迁款转至该单位另一全资子公司——XC公司，后XC公司再以"往来款"名义分两笔将"拆迁款"转回至该单位，注入资金池用于日常支出。经查上述拆迁户均为该单位及子公司内部员工及家属。

视频讲解

上述行为违反了原会计法第五条"会计机构、会计人员依照本法规定进行会计核算，实行会计监督。任何单位或者个人不得以任何方式授意、指使、强令会计机构、会计人员伪造、变造会计凭证、会计帐簿和其他会计资料，提供虚假财务会计报告"的规定。

HN省财政厅根据原会计法第四十五条的规定，对LY融资平台公司处以15 000元罚款。

## 【案例3-2】 授意、指使财务造假

HB省HM县财政局依法对JWJ再生能源有限公司开展会计信息质量检查，检查发现张某某（法人代表兼会计）、邓某某（股东兼出纳）于2018年下半年，根据县农村能源办公室工作人员李某（涉嫌严重违纪和职务违法，已另案处理）授意，将能源办存放于该公司账户上的310万元的会计凭证、会计账簿、财务会计报告进行拆分，装订成两套资金分别为67万元、243万元的账册。2019年3月，县纪委审查人员核查该公司账目时，张某某、邓某某根据事先与李某的约定，只提供了67万元的账册，隐匿了243万元的账册。

视频讲解

上述行为违反了原会计法第五条"会计机构、会计人员依照本法规定进行会计核算，实行会计监督。任何单位或者个人不得以任何方式授意、指使、强令会计机构、会计人员伪造、变造会计凭证、会计帐簿和其他会计资料，提供虚假财务会计报告"的规定。

由于李某涉嫌严重违纪和职务违法，已另案处理。

第四部分

# 当事人的维权方式

财政部门依据会计法的相关规定，对会计违法行为作出行政处罚时，如果当事人对行政处罚决定有异议，应当如何维权呢？

首先，依据《财政行政处罚听证实施办法》（财政部令第109号）的相关规定，当财政部门作出"责令会计人员不得从事会计工作""较大数额罚款""没收较大数额违法所得、没收较大价值非法财物"等行政处罚决定时，应当告知当事人有要求听证的权利。其中，"较大数额""较大价值"标准为对公民作出1万元以上的处罚，对法人或者其他组织作出10万元以上的处罚。当事人可以在收到《财政行政处罚听证通知书》之日起5日内提出听证申请。

其次，依据《中华人民共和国行政复议法》（2023年修订）和《中华人民共和国行政诉讼法》（2017年修正）的相关规定，当事人收到《行政处罚决定书》后，对行政处罚决定如有异议，可依法申请行政复议或提起行政诉讼。公民、法人或者其他组织可以先向行政机关申请复议，对复议决定不服的，再向人民法院提起诉讼；也可以直接向人民法院提起诉讼。

关于行政复议和行政诉讼的时效，需要特别注意：

（1）如果是直接提出行政复议，根据《中华人民共和国行政复议法》（2023年修订）第二十条的有关规定，公民、法人或者其他组织可以自知道或者应当知道该行政行为之日起六十日内提出行政复议申请；但是法律规定的申请期限超过六十日的除外。因不可抗力或者其他正当理由耽误法定申请期限的，申请期限自障碍消除之日起继续计算。行政机关作出行政行为时，未告知公民、法人或者其他组织申请行政复议的权利、行政复议机关和申请期限的，申请期限自公民、法人或者其他组织知道或者应当知道申请行政复议的权利、行政复议机关和申请期限之日起计算，但是自知道或者应当知道行政行为内容之日起最长不得超过一年。

（2）如果是直接提出行政诉讼，根据《中华人民共和国行政诉讼法》（2017年修正）第四十六条的有关规定，公民、法人或者其他组织应当自知道或者应当知道作出行政行为之日起六个月内提出。法律另有规定的除外。

（3）如果是先行政复议后行政诉讼，根据《中华人民共和国行政诉讼法》（2017年修正）第四十五条的有关规定，公民、法人或者其他组织可以在收到复议决定书之日起十五日内向人民法院提起诉讼。复议机关逾期不作决定的，申请人可以在复议期满之日起十五日内向人民法院提起诉讼。法律另有规定的除外。

行政复议期间，行政行为不停止执行，但是存在例外情况。根据《中华人民共和国行政复议法》（2023年修订）第四十二条的相关规定，有下列情形之一的，应当停止执行：（一）被申请人认为需要停止执行；（二）行政复议机关认为需要停止执行；（三）申请人、第三人申请停止执行，行政复议机关认为其要求合理，决定停止执行；（四）法律、法规、规章规定停止执行的其他情形。

行政诉讼期间，行政行为不停止执行，但是存在例外情况。根据《中华人民共和国行政诉讼法》（2017年修正）第五十六条的相关规定，有下列情形之一的，裁定停止执行：（一）被告认为需要停止执行的；（二）原告或者利害关系人申请停止执行，人民法院认为该行政行为的执行会造成难以弥补的损失，并且停止执行不损害国家利益、社会公共利益的；（三）人民法院认为该行政行为的执行会给国家利益、社会公共利益造成重大损害的；（四）法律、法规规定停止执行的。当事人对停止执行或者不停止执行的裁定不服的，可以申请复议一次。

第五部分

# 执法人员应知应会

# 第一章

# 行政处罚的种类和设定

## 一、行政处罚的种类

财政部门依据会计法可以作出的行政处罚种类包括：警告、通报批评、罚款、没收违法所得和限制从业五种。

### （一）警告

警告即警示和告诫，属申诫罚的一种，指行政机关对公民、法人或者其他组织违反行政管理法律规范的行为的谴责和警示，其目的是通过给予违法行为人一种精神上的惩戒，以申明其有违法行为，并使其以后不再违法。在不考虑行政处罚结果公示的前提下，警告是行政处罚措施中最轻的一种。警告可以单独适用，也可以与罚款等处罚类型合并适用，警告往往与责令改正同时适用。经警告后仍拒不改正的行为，则可能构成累犯，在裁量方面，需要依法从重处罚。

申诫罚是指行政机关对违法行为人的名誉、荣誉、信誉或精神上的利益造成一定损害以示警戒的行政处罚。

【提示】口头警告不是行政处罚

警告属于要式的行政行为，根据《中华人民共和国行政处罚法》（2021年修订）第五十二条、第五十七条等的相关规定，警告必须有书面处罚决定书，并将其送交当事人本人。如果是口头警告，则属于一般的批评教育，不具有强制力，不属于行政处罚行为。

**法条衔接** 会计法第四十条、第四十一条、第四十二条

## （二）通报批评

通报批评即"通报"+"批评"，属申诫罚的一种，是指某一主体将行为人的有关缺点和错误在一定范围内予以公布，希望行为人或其他人吸取教训、引以为戒的一种措施。

【提示】警告和通报批评的区别

警告和通报批评的主要区别是告知范围存在差异。警告限于告知行为人自己，通报还包括告知与行为有关的公民、法人和其他组织，即通报批评的告知范围更广。但是，在行政处罚决定公开公示的背景下，这种区别的意义越来越小。

**法条衔接**　会计法第四十条、第四十一条、第四十二条

## （三）罚款

罚款是行政机关依法强制违反行政管理法规的行为人（包括法人及其他组织）在一定期限内缴纳一定数量货币的处罚行为。与其他行政处罚种类相比，罚款使用范围最广、适用频率最高。罚款的法律效果是产生金钱之债，当事人要依据行政处罚决定缴纳罚款。如果当事人不及时缴纳，执行方式则会转变为强制执行。

设定罚款应当根据违法行为人的主观恶性、违法行为造成的损失、社会危害程度确定。以罚款数值是否需要计算为标准，可分为概括式、数值式和倍率式；以罚款数值是否具有裁量空间为标准，则可分为概括式、定额罚和区间罚；两种标准相结合，共有概括式、定额数值式、定额倍率式、区间数值式和区间倍率式五种规定方式。

**法条衔接**　会计法第四十条、第四十一条、第四十二条

## （四）没收违法所得

没收违法所得，是指国家行政机关根据行政管理法律、法规，将

行为人违法所获得的财物强制无偿收归国有的一项行政处罚措施。

根据《中华人民共和国行政处罚法》（2021年修订）第二十八条的相关规定，违法所得是指实施违法行为所取得的款项。法律、行政法规、部门规章对违法所得的计算另有规定的，从其规定。

根据全国人大常委会于1981年6月10日第五届全国人民代表大会常务委员会第十九次会议通过的《全国人民代表大会常务委员会关于加强法律解释工作的决议》，"不属于审判和检察工作中的其他法律、法令如何具体应用的问题，由国务院及主管部门进行解释"。实践中，不同的部门对于违法所得的界定有所不同，主要有两种观点：营收说和利润说。营收说的好处是行政机关便于操作。利润说的核心是要扣除合理成本，难点在于如何界定合理成本的范围，通常计算复杂，影响行政效率。利润说有毛利润和纯利润之分，但纯利润说不具有惩戒性。

**法条衔接**　会计法第四十一条

### （五）限制从业

限制从业是行政机关依法对违反行政管理秩序的当事人在时间和领域等方面实施经济和社会方面的职业限制。限制从业是较重的处罚，等于宣布当事人在经济或者社会领域上休克或者死亡，因此，《中华人民共和国行政处罚法》（2021年修订）第六十三条将其纳入听证范围。

**法条衔接**　会计法第三十八条、第四十条、第四十一条

## 二、行政处罚的设定

财政部门在设定行政处罚时，应当遵守《中华人民共和国行政处罚法》（2021年修订）的以下规定：

**第十条**　【法律设定处罚权限】法律可以设定各种行政处罚。

限制人身自由的行政处罚，只能由法律设定。

第十一条 【行政法规设定处罚权限】行政法规可以设定除限制人身自由以外的行政处罚。

法律对违法行为已经作出行政处罚规定，行政法规需要作出具体规定的，必须在法律规定的给予行政处罚的行为、种类和幅度的范围内规定。

法律对违法行为未作出行政处罚规定，行政法规为实施法律，可以补充设定行政处罚。拟补充设定行政处罚的，应当通过听证会、论证会等形式广泛听取意见，并向制定机关作出书面说明。行政法规报送备案时，应当说明补充设定行政处罚的情况。

第十二条 【地方性法规设定处罚权限】地方性法规可以设定除限制人身自由、吊销营业执照以外的行政处罚。

法律、行政法规对违法行为已经作出行政处罚规定，地方性法规需要作出具体规定的，必须在法律、行政法规规定的给予行政处罚的行为、种类和幅度的范围内规定。

法律、行政法规对违法行为未作出行政处罚规定，地方性法规为实施法律、行政法规，可以补充设定行政处罚。拟补充设定行政处罚的，应当通过听证会、论证会等形式广泛听取意见，并向制定机关作出书面说明。地方性法规报送备案时，应当说明补充设定行政处罚的情况。

第十三条 【国务院部门规章设定处罚权限】国务院部门规章可以在法律、行政法规规定的给予行政处罚的行为、种类和幅度的范围内作出具体规定。

尚未制定法律、行政法规的，国务院部门规章对违反行政管理秩序的行为，可以设定警告、通报批评或者一定数额罚款的行政处罚。罚款的限额由国务院规定。

第十四条 【地方政府规章设定处罚权限】地方政府规章可以在

法律、法规规定的给予行政处罚的行为、种类和幅度的范围内作出具体规定。

尚未制定法律、法规的，地方政府规章对违反行政管理秩序的行为，可以设定警告、通报批评或者一定数额罚款的行政处罚。罚款的限额由省、自治区、直辖市人民代表大会常务委员会规定。

第十五条 【处罚事项评估】国务院部门和省、自治区、直辖市人民政府及其有关部门应当定期组织评估行政处罚的实施情况和必要性，对不适当的行政处罚事项及种类、罚款数额等，应当提出修改或者废止的建议。

第十六条 【其他规范性文件禁止设定处罚】除法律、法规、规章外，其他规范性文件不得设定行政处罚。

# 第二章

# 行政处罚的管辖和适用

## 一、行政处罚的管辖

管辖是行政处罚过程中非常重要的一环。行政处罚管辖应遵循便利当事人原则、有利于维护公共利益和社会秩序原则、灵活运用原则。

### (一) 地域管辖 (违法行为发生地)

根据《中华人民共和国行政处罚法》(2021年修订)第二十二条的相关规定,"行政处罚由违法行为发生地的行政机关管辖。法律、行政法规、部门规章另有规定的,从其规定"。我国采用违法行为发生地作为确定管辖的标准,主要是基于效率考虑,在违法行为发生地比较容易调查取证。

【提示】违法行为发生地的判断

行为人实施了会计违法行为,在其实施过程中任何一个阶段被发现,有关地方都可以成为违法行为发生地。违法行为发生地,包括会计违法行为的实施地以及开始地、途经地、结束地等与违法行为有关的地点;违法行为有连续、持续或者继续状态的,违法行为连续、持续或者继续实施的地方都属于违法行为发生地。

### (二) 级别管辖 (分工与权限划分)

根据《中华人民共和国行政处罚法》(2021年修订)第二十三条的相关规定,"行政处罚由县级以上地方人民政府具有行政处罚权的行政机关管辖。法律、行政法规另有规定的，从其规定"。级别管辖是在上下级行政机关之间对某类违反行政管理法律规范行为处理上的分工和权限的划分。根据《中华人民共和国会计法（2024年修正）》第四十条、第四十一条和第四十二条的相关规定，"……由县级以上人民政府财政部门……"这意味着从国务院财政部门到县级人民政府财政部门都有行政处罚权。

【提示】确定级别管辖的影响因素

违法当事人的法律地位或级别、行政违法行为的严重程度和案件的复杂性、行政法律责任的轻重、对公共利益的影响程度、对相对人权利义务的影响程度、标的物的价值、涉外因素等。

（三）管辖权的确定（最先立案管辖→协商管辖→指定管辖）

根据《中华人民共和国行政处罚法》（2021年修订）第二十五条的相关规定，"两个以上行政机关都有管辖权的，由最先立案的行政机关管辖。对管辖发生争议的，应当协商解决，协商不成的，报请共同的上一级行政机关指定管辖；也可以直接由共同的上一级行政机关指定管辖"。

由于会计违法行为发生地的管辖标准非常宽泛，再加上"县级以上人民政府财政部门"的立法表述，使得实际拥有管辖权的财政部门可能不止一个，因此，如何避免"争权诿责"至关重要。

由于"立案"比"发现违法行为"更容易识别，行政处罚程序进行得也更快，因此，《中华人民共和国行政处罚法》（2021年修订）确定了"最先立案"的行政机关优先管辖。

【提示】行政处罚法关于立案的相关规定

为了防止行政机关不立案，《中华人民共和国行政处罚法》（2021年修订）第三十九条规定"行政处罚的实施机关、立案依据、实施程序和救济渠道等信息应当公示"；第五十四条第二款规定"符合立案标准的,行政机关应当及时立案";第七十六条规定"行政机关对符合立案标准的案件不及时立案的","由上级行政机关或者有关机关责令改正对直接负责的主管人员和其他直接责任人员依法给予处分"。

### (四)协助执法(系统观念)

根据《中华人民共和国行政处罚法》(2021年修订)第二十六条的相关规定,"行政机关因实施行政处罚的需要,可以向有关机关提出协助请求。协助事项属于被请求机关职权范围内的,应当依法予以协助"。

协助执法是指行政主体在履行职责过程中,遇到自身无法克服的障碍难以实现行政目的时,向无隶属关系的其他行政主体提出公务上的协助请求,被请求主体依法在自身法定权限范围内提供职务上的帮助,以支持请求主体实现其行政职能的执法方式。

【提示】请求协助执法的条件

1.积极条件(配合):

(1)因人员、设备等事实上的原因,不能独自完成行政任务的。

(2)因法律上的原因,不能独自执行职务的。

(3)无法自行调查执行公务所需要的事实资料的。

(4)执行公务所必需的文书、资料、信息被请求行政机关掌握的。

(5)有协助机关协助执行较为经济的。

2.消极条件(拒绝):

(1)协助行为不在其职权范围内的。

(2)协助行为属于依法不应当实施的。

(3)由其他行政机关提供协助明显更为便利、经济的。

(4)提供协助将严重妨碍其自身职务之执行的。

(5)有其他无法提供协助的正当理由的。

## 二、行政处罚的适用

### （一）行刑衔接

根据《中华人民共和国行政处罚法》（2021年修订）第二十七条的相关规定，"违法行为涉嫌犯罪的，行政机关应当及时将案件移送司法机关，依法追究刑事责任"。违法行为涉嫌犯罪的，国家机关实施处罚的主体不同，行政责任和刑事责任的责任方式也有所不同，因此，需要在行政执法机关和刑事司法机关之间进行衔接。行刑衔接能够有效解决"有案不移、有案难移、以罚代刑"问题，实现行政处罚和刑事处罚无缝对接。

这里需要强调的是，行政机关将案件移送司法机关的标准是涉嫌犯罪，不是构成犯罪。

【提示】财政部门移送涉嫌犯罪案件的注意事项
1. 财政部门有依法对会计违法事实进行调查取证的义务。
2. 财政部门有妥善保存和提供有关证据的义务。
3. 财政部门应当按照移送程序依法移送。
4. 对公安机关决定不予立案的案件依法作出处理。
5. 在法定期限内与公安机关办结涉嫌犯罪案件的交接手续。

【答疑】财政部门可否先行作出行政处罚决定？
1. 移送涉嫌犯罪案件前

移送涉嫌犯罪案件前，财政部门可以先行作出行政处罚。根据《行政执法机关移送涉嫌犯罪案件的规定》（2020年修订）第十一条的相关规定，行政执法机关对应当向公安机关移送的涉嫌犯罪案件，不得以行政处罚代替移送。行政执法机关向公安机关移送涉嫌犯罪案件前已经作出的警告，责令停产停业，暂扣或者吊销许可证、暂扣或者吊销执照的行政处罚决定，不停止执行。根据《中华人民共和国行政处罚法》(2021年修订)第三十五条的相关规定，违法行为构成犯罪，人民法院判处罚金时，行政机关已经给予当事人罚款的，应当折抵相应罚金；行政机关尚未给予当事人罚款的，不再给予罚款。

2.移送涉嫌犯罪案件后

对于行政处罚与刑事处罚不重叠的处罚类型，财政部门可以在移送后作出；对于行政处罚与刑事处罚重叠的处罚类型，人民法院给予相应刑事处罚的，财政部门不能作出同种类的行政处罚。

### （二）一事不二罚

根据《中华人民共和国行政处罚法》(2021年修订)第二十九条的相关规定，"对当事人的同一个违法行为，不得给予两次以上罚款的行政处罚。同一个违法行为违反多个法律规范应当给予罚款处罚的，按照罚款数额高的规定处罚"。"一事不二罚"，又称"一事不再罚""禁止双重处罚""禁止双重评价"，其目的是保护当事人的信赖权益，维护法律的安定性。

"同一个违法行为"是指当事人实施了一个违反行政法规范的行为或者说一个违反行政管理秩序的行为，当事人在客观上仅有一个独立完整的违法事实，违法行为的实施主体是同一违法行为人。

【提示】行政处罚不适用数罪并罚

如果是数个行政违法行为的，可以分别予以行政处罚；种类相同的处罚，只能择一而用；种类不同的行政处罚，不并用难以达致行政监管目的，可以聚合使用。

### （三）从轻、减轻处罚

根据《中华人民共和国行政处罚法》(2021年修订)第三十二条的相关规定，"当事人有下列情形之一，应当从轻或者减轻行政处罚：（一）主动消除或者减轻违法行为危害后果的；（二）受他人胁迫或者诱骗实施违法行为的；（三）主动供述行政机关尚未掌握的违法行为的；（四）配合行政机关查处违法行为有立功表现的；（五）法律、法规、规章规定其他应当从轻或者减轻行政处罚的"。处罚不是目的，而是为了纠正和预防行政违法行为。从轻、减轻处罚体现了惩罚与教育相结合、过罚相当的原则。

从轻行政处罚是指在依法可以选择的处罚种类和处罚幅度内，适用较轻、较少的处罚种类或者较低的处罚幅度。

减轻行政处罚是指适用法定行政处罚最低限度以下的处罚种类或处罚幅度，包括在违法行为应当受到的一种或者几种处罚种类之外选择更轻的处罚种类，或者在应当并处时不并处。

### （四）不予处罚

根据《中华人民共和国行政处罚法》（2021年修订）第三十三条的相关规定，"违法行为轻微并及时改正，没有造成危害后果的，不予行政处罚。初次违法且危害后果轻微并及时改正的，可以不予行政处罚。当事人有证据足以证明没有主观过错的，不予行政处罚。法律、行政法规另有规定的，从其规定。对当事人的违法行为依法不予行政处罚的，行政机关应当对当事人进行教育"。

【提示】不予行政处罚与可以不予行政处罚不同

前者是不构成行政违法，不应当予以行政处罚；后者是构成行政违法，但法律制裁的数值是零，实际是免予处罚。

### （五）行政处罚裁量权

根据《中华人民共和国行政处罚法》（2021年修订）第三十四条的相关规定，"行政机关可以依法制定行政处罚裁量基准，规范行使行政处罚裁量权。行政处罚裁量基准应当向社会公布"。行政处罚裁量权是指行政机关在实施行政处罚时，根据法律、法规、规章的规定，综合考虑违法行为的事实、性质、情节、社会危害程度以及当事人主观过错等因素，决定是否给予行政处罚、给予行政处罚的种类和幅度的权限。

规范行政处罚裁量权，有利于推进严格规范公正文明执法，预防和减少行政争议，实现平等和个案正义，促进社会和谐与稳定。

【提示】行使行政处罚裁量权的基本原则

行使行政处罚裁量权需遵循以下基本原则：合法原则、合理原则、过罚相当原则、平等原则、处罚与教育相结合原则、公开原则、综合裁量原则等。

### （六）追责时效

根据《中华人民共和国行政处罚法》（2021年修订）第三十六条的相关规定，"违法行为在二年内未被发现的，不再给予行政处罚；涉及公民生命健康安全、金融安全且有危害后果的，上述期限延长至五年。法律另有规定的除外。前款规定的期限，从违法行为发生之日起计算；违法行为有连续或者继续状态的，从行为终了之日起计算"。

1.关于期限的计算

行政处罚法关于期限的计算没有详细的规定，原则上适用民法典的规定，但与行政处罚法基本原则相冲突的除外。一是按照公历年、月、日、小时计算。二是按照年、月、日计算期间的，开始的当日不计入，自下一日开始计算。三是按照年、月计算期间的，到期月的对应日为期间的最后一日；没有对应日的月末日为期间的最后一日。四是期间的最后一日是法定休假日的，以法定休假日结束的次日为期间的最后一日。五是期间的最后一日的截止时间为24时；有业务时间的，停止业务活动的时间为截止时间。

2."发现"的认定

如果一个有权机关对违法行为只要启动调查、取证和立案程序，均可视为"发现"，群众检举后被认定属实的，也可认为"发现"，发现时效以检举时间为准。

3.违法行为发生之日

"违法行为发生之日"是指违法行为完成或者停止之日。

4.违法行为的连续状态

违法行为的连续状态是指当事人基于同一个违法故意，连续实施数个独立的行政违法行为，并触犯同一个行政处罚规定的情形。

### （七）从旧兼从轻

根据《中华人民共和国行政处罚法》（2021年修订）第三十七条的相关规定，"实施行政处罚，适用违法行为发生时的法律、法规、规章的规定。但是，作出行政处罚决定时，法律、法规、规章已被修改或者废止，且新的规定处罚较轻或者不认为是违法的，适用新的规定"。法律不溯及既往，实体从旧，程序从新，采用从旧兼从轻原则，即原则上适用旧法，但新法对行为人有利时，适用新法，体现了对当事人权益的保护。

【提示】当一个违法行为存在连续或者持续状态，且横跨新旧会计法，如何处罚？

在此情况下，新会计法的处罚较重，如果直接适用新会计法，则发生在旧会计法施行期间的行为，就被给予了较重的处罚，与行政处罚法规定的从轻原则不符。因此，对此类行为，应分段考量，从有利于当事人的角度出发适用法律。

### （八）处罚无效

根据《中华人民共和国行政处罚法》（2021年修订）第三十八条的相关规定，"行政处罚没有依据或者实施主体不具有行政主体资格的，行政处罚无效。违反法定程序构成重大且明显违法的，行政处罚无效"。

没有依据的情形包括但不限于：实施行政处罚没有法律依据；或者有法律规范，但是该法律规范已经被废止、修改或撤销；或者有法律依据，但是该法律规范与行政违法行为无关；或者有法律依据，但是行政执法人员改变了法律规范中行政处罚的种类；或者作出具体行政行为时未引用具体法律条款，且在诉讼中不能证明该具体行政行为符合法律的具体规定；等等。

行政主体资格要求行政机关必须有行政处罚权，且必须在职权范围内实施行政处罚。行政机关之外的其他组织，应当具有法律、行政法规、地方性法规的合法授权。

根据《最高人民法院关于适用〈中华人民共和国行政诉讼法〉的解释》第九十九条的相关规定，构成重大且明显违法的情形包括：一是减损权利或者增加义务的行政行为没有法律规范依据；二是行政行为的内容客观上不可能实施。

# 第三章

# 行政处罚的决定

财政部门在作出行政处罚决定时，应当遵守《中华人民共和国行政处罚法》（2021年修订）的一般规定、普通程序和听证程序。

## 一、一般规定

第三十九条 【公示义务】行政处罚的实施机关、立案依据、实施程序和救济渠道等信息应当公示。

第四十条 【查明事实】公民、法人或者其他组织违反行政管理秩序的行为，依法应当给予行政处罚的，行政机关必须查明事实；违法事实不清、证据不足的，不得给予行政处罚。

第四十一条 【非现场执法】行政机关依照法律、行政法规规定利用电子技术监控设备收集、固定违法事实的，应当经过法制和技术审核，确保电子技术监控设备符合标准、设置合理、标志明显，设置地点应当向社会公布。

电子技术监控设备记录违法事实应当真实、清晰、完整、准确。行政机关应当审核记录内容是否符合要求；未经审核或者经审核不符合要求的，不得作为行政处罚的证据。

行政机关应当及时告知当事人违法事实，并采取信息化手段或者其他措施，为当事人查询、陈述和申辩提供便利。不得限制或者变相限制当事人享有的陈述权、申辩权。

**第四十二条 【文明执法】** 行政处罚应当由具有行政执法资格的执法人员实施。执法人员不得少于两人，法律另有规定的除外。

执法人员应当文明执法，尊重和保护当事人合法权益。

**【提示】** 财政部门进行会计信息质量检查时执法人员不得少于两人。

**第四十三条 【回避】** 执法人员与案件有直接利害关系或者有其他关系可能影响公正执法的，应当回避。

当事人认为执法人员与案件有直接利害关系或者有其他关系可能影响公正执法的，有权申请回避。

当事人提出回避申请的，行政机关应当依法审查，由行政机关负责人决定。决定作出之前，不停止调查。

**第四十四条 【告知义务】** 行政机关在作出行政处罚决定之前，应当告知当事人拟作出的行政处罚内容及事实、理由、依据，并告知当事人依法享有的陈述、申辩、要求听证等权利。

**【注意】** 告知是财政部门作出行政处罚决定的必经程序，财政部门不告知当事人拟作出的行政处罚内容及事实、理由、依据的，行政处罚决定可以被撤销。

**【提示】** 告知的时间是在作出行政处罚决定之前

只要财政部门负责人没有签发行政处罚决定，财政部门都应当依照本条履行告知义务。因此，告知义务的履行可能不止一次，而是要根据行政处罚决定的调整情况逐次告知。

**【答疑】** 为何告知"拟作出行政处罚的内容"？

告知"拟作出行政处罚的内容"的目的是以告知的"拟作出行政处罚的内容"作为判断"行政机关是否给予当事人更重的处罚"的标准，实现与第四十五条第二款"行政机关不得因当事人陈述、申辩而给予更重的处罚"的有效衔接。

**第四十五条 【陈述申辩】** 当事人有权进行陈述和申辩。行政机关必须充分听取当事人的意见,对当事人提出的事实、理由和证据,应当进行复核;当事人提出的事实、理由或者证据成立的,行政机关应当采纳。

行政机关不得因当事人陈述、申辩而给予更重的处罚。

**第四十六条 【证据种类与适用规则】**证据包括:

(一)书证;

(二)物证;

(三)视听资料;

(四)电子数据;

(五)证人证言;

(六)当事人的陈述;

(七)鉴定意见;

(八)勘验笔录、现场笔录。

证据必须经查证属实,方可作为认定案件事实的根据。

以非法手段取得的证据,不得作为认定案件事实的根据。

**【提示】**作为证据应当满足的条件

根据《最高人民法院关于适用〈中华人民共和国行政诉讼法〉的解释》第四十二条的相关规定,"能够反映案件真实情况、与待证事实相关联、来源和形式符合法律规定的证据,应当作为认定案件事实的根据"。作为证据应当同时满足可靠性、相关性和合法性三个要求。

**第四十七条 【行政处罚全过程记录】**行政机关应当依法以文字、音像等形式,对行政处罚的启动、调查取证、审核、决定、送达、执行等进行全过程记录,归档保存。

**第四十八条 【行政处罚决定依法公开】**具有一定社会影响的行政处罚决定应当依法公开。

公开的行政处罚决定被依法变更、撤销、确认违法或者确认无效的，行政机关应当在三日内撤回行政处罚决定信息并公开说明理由。

**第四十九条 【突发事件处罚】**发生重大传染病疫情等突发事件，为了控制、减轻和消除突发事件引起的社会危害，行政机关对违反突发事件应对措施的行为，依法快速、从重处罚。

**第五十条 【保密义务】**行政机关及其工作人员对实施行政处罚过程中知悉的国家秘密、商业秘密或者个人隐私，应当依法予以保密。

## 二、普通程序

**第五十四条 【调查取证检查与立案要求】**除本法第五十一条规定的可以当场作出的行政处罚外，行政机关发现公民、法人或者其他组织有依法应当给予行政处罚的行为的，必须全面、客观、公正地调查，收集有关证据；必要时，依照法律、法规的规定，可以进行检查。

符合立案标准的，行政机关应当及时立案。

**第五十五条 【出示证件与协助调查】**执法人员在调查或者进行检查时，应当主动向当事人或者有关人员出示执法证件。当事人或者有关人员有权要求执法人员出示执法证件。执法人员不出示执法证件的，当事人或者有关人员有权拒绝接受调查或者检查。

当事人或者有关人员应当如实回答询问，并协助调查或者检查，不得拒绝或者阻挠。询问或者检查应当制作笔录。

**第五十六条 【抽样取证与先行登记保存】**行政机关在收集证据时，可以采取抽样取证的方法；在证据可能灭失或者以后难以取得的情况下，经行政机关负责人批准，可以先行登记保存，并应当在七日内及时作出处理决定，在此期间，当事人或者有关人员不得销毁或者转移证据。

**第五十七条 【调查结果处理】**调查终结，行政机关负责人应当对调查结果进行审查，根据不同情况，分别作出如下决定：

（一）确有应受行政处罚的违法行为的，根据情节轻重及具体情况，作出行政处罚决定；

（二）违法行为轻微，依法可以不予行政处罚的，不予行政处罚；

（三）违法事实不能成立的，不予行政处罚；

（四）违法行为涉嫌犯罪的，移送司法机关。

对情节复杂或者重大违法行为给予行政处罚，行政机关负责人应当集体讨论决定。

**第五十八条 【重大处罚决定法制审核】** 有下列情形之一，在行政机关负责人作出行政处罚的决定之前，应当由从事行政处罚决定法制审核的人员进行法制审核；未经法制审核或者审核未通过的，不得作出决定：

（一）涉及重大公共利益的；

（二）直接关系当事人或者第三人重大权益，经过听证程序的；

（三）案件情况疑难复杂、涉及多个法律关系的；

（四）法律、法规规定应当进行法制审核的其他情形。

行政机关中初次从事行政处罚决定法制审核的人员，应当通过国家统一法律职业资格考试取得法律职业资格。

**第五十九条 【行政处罚决定书】** 行政机关依照本法第五十七条的规定给予行政处罚，应当制作行政处罚决定书。行政处罚决定书应当载明下列事项：

（一）当事人的姓名或者名称、地址；

（二）违反法律、法规、规章的事实和证据；

（三）行政处罚的种类和依据；

（四）行政处罚的履行方式和期限；

（五）申请行政复议、提起行政诉讼的途径和期限；

（六）作出行政处罚决定的行政机关名称和作出决定的日期。

行政处罚决定书必须盖有作出行政处罚决定的行政机关的印章。

**第六十条 【办案期限】** 行政机关应当自行政处罚案件立案之日起九十日内作出行政处罚决定。法律、法规、规章另有规定的，从其规定。

**第六十一条 【当场交付与送达】** 行政处罚决定书应当在宣告后当场交付当事人；当事人不在场的，行政机关应当在七日内依照《中华人民共和国民事诉讼法》的有关规定，将行政处罚决定书送达当事人。

当事人同意并签订确认书的，行政机关可以采用传真、电子邮件等方式，将行政处罚决定书等送达当事人。

**第六十二条 【告知陈述申辩的约束力】** 行政机关及其执法人员在作出行政处罚决定之前，未依照本法第四十四条、第四十五条的规定向当事人告知拟作出的行政处罚内容及事实、理由、依据，或者拒绝听取当事人的陈述、申辩，不得作出行政处罚决定；当事人明确放弃陈述或者申辩权利的除外。

### 三、听证程序

**第六十三条 【适用范围】** 行政机关拟作出下列行政处罚决定，应当告知当事人有要求听证的权利，当事人要求听证的，行政机关应当组织听证：

（一）较大数额罚款；
（二）没收较大数额违法所得、没收较大价值非法财物；
（三）降低资质等级、吊销许可证件；
（四）责令停产停业、责令关闭、限制从业；
（五）其他较重的行政处罚；
（六）法律、法规、规章规定的其他情形。

当事人不承担行政机关组织听证的费用。

**第六十四条 【听证程序】**听证应当依照以下程序组织：

（一）当事人要求听证的，应当在行政机关告知后五日内提出；

（二）行政机关应当在举行听证的七日前，通知当事人及有关人员听证的时间、地点；

（三）除涉及国家秘密、商业秘密或者个人隐私依法予以保密外，听证公开举行；

（四）听证由行政机关指定的非本案调查人员主持；当事人认为主持人与本案有直接利害关系的，有权申请回避；

（五）当事人可以亲自参加听证，也可以委托一至二人代理；

（六）当事人及其代理人无正当理由拒不出席听证或者未经许可中途退出听证的，视为放弃听证权利，行政机关终止听证；

（七）举行听证时，调查人员提出当事人违法的事实、证据和行政处罚建议，当事人进行申辩和质证；

（八）听证应当制作笔录。笔录应当交当事人或者其代理人核对无误后签字或者盖章。当事人或者其代理人拒绝签字或者盖章的，由听证主持人在笔录中注明。

**第六十五条 【听证记录】**听证结束后，行政机关应当根据听证笔录，依照本法第五十七条的规定，作出决定。

## 第四章

# 行政处罚的执行

第六十六条 【履行义务与分期履行】行政处罚决定依法作出后,当事人应当在行政处罚决定书载明的期限内,予以履行。

当事人确有经济困难,需要延期或者分期缴纳罚款的,经当事人申请和行政机关批准,可以暂缓或者分期缴纳。

第六十七条 【罚缴分离】作出罚款决定的行政机关应当与收缴罚款的机构分离。

除依照本法第六十八条、第六十九条的规定当场收缴的罚款外,作出行政处罚决定的行政机关及其执法人员不得自行收缴罚款。

当事人应当自收到行政处罚决定书之日起十五日内,到指定的银行或者通过电子支付系统缴纳罚款。银行应当收受罚款,并将罚款直接上缴国库。

第七十二条 【强制执行措施】当事人逾期不履行行政处罚决定的,作出行政处罚决定的行政机关可以采取下列措施:

(一)到期不缴纳罚款的,每日按罚款数额的百分之三加处罚款,加处罚款的数额不得超出罚款的数额;

(二)根据法律规定,将查封、扣押的财物拍卖、依法处理或者将冻结的存款、汇款划拨抵缴罚款;

(三)根据法律规定,采取其他行政强制执行方式;

(四)依照《中华人民共和国行政强制法》的规定申请人民法院强制执行。

行政机关批准延期、分期缴纳罚款的,申请人民法院强制执行的期限，自暂缓或者分期缴纳罚款期限结束之日起计算。

**第七十三条 【救济期间的处罚处理】**当事人对行政处罚决定不服，申请行政复议或者提起行政诉讼的，行政处罚不停止执行，法律另有规定的除外。

当事人对限制人身自由的行政处罚决定不服，申请行政复议或者提起行政诉讼的，可以向作出决定的机关提出暂缓执行申请。符合法律规定情形的，应当暂缓执行。

当事人申请行政复议或者提起行政诉讼的，加处罚款的数额在行政复议或者行政诉讼期间不予计算。

**第七十四条 【罚没财物的处理】**除依法应当予以销毁的物品外，依法没收的非法财物必须按照国家规定公开拍卖或者按照国家有关规定处理。

罚款、没收的违法所得或者没收非法财物拍卖的款项，必须全部上缴国库，任何行政机关或者个人不得以任何形式截留、私分或者变相私分。

罚款、没收的违法所得或者没收非法财物拍卖的款项，不得同作出行政处罚决定的行政机关及其工作人员的考核、考评直接或者变相挂钩。除依法应当退还、退赔的外，财政部门不得以任何形式向作出行政处罚决定的行政机关返还罚款、没收的违法所得或者没收非法财物拍卖的款项。

**第七十五条 【行政处罚的层级监督】**行政机关应当建立健全对行政处罚的监督制度。县级以上人民政府应当定期组织开展行政执法评议、考核，加强对行政处罚的监督检查，规范和保障行政处罚的实施。

行政机关实施行政处罚应当接受社会监督。公民、法人或者其他组织对行政机关实施行政处罚的行为，有权申诉或者检举；行政机关应当认真审查，发现有错误的，应当主动改正。

## 第六部分

# 附录

# 附录一

**全国人民代表大会常务委员会关于修改
《中华人民共和国会计法》的决定**

（2024年6月28日第十四届全国人民代表大会常务委员会第十次会议通过）

第十四届全国人民代表大会常务委员会第十次会议决定对《中华人民共和国会计法》作如下修改：

一、第二条增加一款，作为第一款："会计工作应当贯彻落实党和国家路线方针政策、决策部署，维护社会公共利益，为国民经济和社会发展服务。"

二、将第八条第三款单列一条，作为第四十九条，修改为："中央军事委员会有关部门可以依照本法和国家统一的会计制度制定军队实施国家统一的会计制度的具体办法，抄送国务院财政部门。"

第八条增加一款，作为第三款："国家加强会计信息化建设，鼓励依法采用现代信息技术开展会计工作，具体办法由国务院财政部门会同有关部门制定。"

三、将第十条、第二十五条合并，作为第十条，修改为："各单位应当对下列经济业务事项办理会计手续，进行会计核算：

（一）资产的增减和使用；

（二）负债的增减；

（三）净资产（所有者权益）的增减；

（四）收入、支出、费用、成本的增减；

（五）财务成果的计算和处理；

（六）需要办理会计手续、进行会计核算的其他事项。"

四、将第二十条第二款修改为："向不同的会计资料使用者提供的财务会计报告，其编制依据应当一致。有关法律、行政法规规定财务会计报告须经注册会计师审计的，注册会计师及其所在的会计师事务所出具的审计报告应当随同财务会计报告一并提供。"

五、将第二十三条修改为："各单位对会计凭证、会计账簿、财务会计报告和其他会计资料应当建立档案，妥善保管。会计档案的保管期限、销毁、安全保护等具体管理办法，由国务院财政部门会同有关部门制定。"

六、将第三章并入第二章，删去第二十四条。

七、将第二十七条改为第二十五条，在"各单位应当建立、健全本单位内部会计监督制度"后增加"并将其纳入本单位内部控制制度"。

增加一项，作为第五项："（五）国务院财政部门规定的其他要求"。

八、将第三十三条改为第三十一条，修改为："财政、审计、税务、金融管理等部门应当依照有关法律、行政法规规定的职责，对有关单位的会计资料实施监督检查，并出具检查结论。

"财政、审计、税务、金融管理等部门应当加强监督检查协作，有关监督检查部门已经作出的检查结论能够满足其他监督检查部门履行本部门职责需要的，其他监督检查部门应当加以利用，避免重复查账。"

九、将第三十六条改为第三十四条,第一款修改为:"各单位应当根据会计业务的需要,依法采取下列一种方式组织本单位的会计工作:

(一)设置会计机构;

(二)在有关机构中设置会计岗位并指定会计主管人员;

(三)委托经批准设立从事会计代理记账业务的中介机构代理记账;

(四)国务院财政部门规定的其他方式。"

将第二款中的"国有资产"修改为"国有资本"。

十、将第四十二条改为第四十条,第一款第一自然段修改为:"违反本法规定,有下列行为之一的,由县级以上人民政府财政部门责令限期改正,给予警告、通报批评,对单位可以并处二十万元以下的罚款,对其直接负责的主管人员和其他直接责任人员可以处五万元以下的罚款;情节严重的,对单位可以并处二十万元以上一百万元以下的罚款,对其直接负责的主管人员和其他直接责任人员可以处五万元以上五十万元以下的罚款;属于公职人员的,还应当依法给予处分。"

十一、将第四十三条、第四十四条合并,作为第四十一条,修改为:"伪造、变造会计凭证、会计账簿,编制虚假财务会计报告,隐匿或者故意销毁依法应当保存的会计凭证、会计账簿、财务会计报告的,由县级以上人民政府财政部门责令限期改正,给予警告、通报批评,没收违法所得,违法所得二十万元以上的,对单位可以并处违法所得一倍以上十倍以下的罚款,没有违法所得或者违法所得不足二十万元的,可以并处二十万元以上二百万元以下的罚款;对其直接负责的主管人员和其他直接责任人员可以处十万元以上五十万元以下的罚款,情节严重的,可以处五十万元以上二百万元以下的罚款;属于公职人员的,还应当依法给予处分;其中的会计人员,五年内不得从事会计工作；构成犯罪的，依法追究刑事责任。"

十二、将第四十五条改为第四十二条，修改为："授意、指使、强令会计机构、会计人员及其他人员伪造、变造会计凭证、会计账簿，编制虚假财务会计报告或者隐匿、故意销毁依法应当保存的会计凭证、会计账簿、财务会计报告的，由县级以上人民政府财政部门给予警告、通报批评，可以并处二十万元以上一百万元以下的罚款；情节严重的，可以并处一百万元以上五百万元以下的罚款；属于公职人员的，还应当依法给予处分；构成犯罪的，依法追究刑事责任。"

十三、增加一条，作为第四十六条："违反本法规定，但具有《中华人民共和国行政处罚法》规定的从轻、减轻或者不予处罚情形的，依照其规定从轻、减轻或者不予处罚。"

十四、将第四十九条改为第四十七条，增加一款，作为第一款："因违反本法规定受到处罚的，按照国家有关规定记入信用记录。"

十五、对部分条文作以下修改：

（一）将第二十六条改为第二十四条，其中的"公司、企业"修改为"各单位"，"所有者权益"修改为"净资产（所有者权益）"。

（二）将第三十四条改为第三十二条，其中的"国家秘密和商业秘密"修改为"国家秘密、工作秘密、商业秘密、个人隐私、个人信息"。

（三）将第三十九条改为第三十七条，在"提高业务素质"后增加"严格遵守国家有关保密规定"。

（四）将第四十六条改为第四十三条，其中的"构成犯罪的，依法追究刑事责任；尚不构成犯罪的，由其所在单位或者有关单位依法给予行政处分"修改为"依法给予处分；构成犯罪的，依法追究刑事责任"。

（五）将第四十七条改为第四十四条，其中的"泄露国家秘密、商业秘密，构成犯罪的，依法追究刑事责任；尚不构成犯罪的，依法给予行政处分"修改为"泄露国家秘密、工作秘密、商业秘密、个人隐私、个人信息的,依法给予处分;构成犯罪的,依法追究刑事责任"。

（六）将第四十八条改为第四十五条,删去其中的"第三十条";"由所在单位或者有关单位依法给予行政处分"修改为"依法给予处分"。

（七）将相关条文中的"帐"修改为"账"。

本决定自2024年7月1日起施行。

《中华人民共和国会计法》根据本决定作相应修改并对条文顺序作相应调整,重新公布。

# 附录二

## 中华人民共和国会计法

（1985年1月21日第六届全国人民代表大会常务委员会第九次会议通过　根据1993年12月29日第八届全国人民代表大会常务委员会第五次会议《关于修改〈中华人民共和国会计法〉的决定》第一次修正　1999年10月31日第九届全国人民代表大会常务委员会第十二次会议修订　根据2017年11月4日第十二届全国人民代表大会常务委员会第三十次会议《关于修改〈中华人民共和国会计法〉等十一部法律的决定》第二次修正　根据2024年6月28日第十四届全国人民代表大会常务委员会第十次会议《关于修改〈中华人民共和国会计法〉的决定》第三次修正）

### 目　录

第一章　总　则

第二章　会计核算

第三章　会计监督

第四章　会计机构和会计人员

第五章　法律责任

第六章　附　则

### 第一章　总　则

**第一条**　为了规范会计行为，保证会计资料真实、完整，加强经济管理和财务管理，提高经济效益，维护社会主义市场经济秩序，制定本法。

**第二条** 会计工作应当贯彻落实党和国家路线方针政策、决策部署，维护社会公共利益，为国民经济和社会发展服务。

国家机关、社会团体、公司、企业、事业单位和其他组织（以下统称单位）必须依照本法办理会计事务。

**第三条** 各单位必须依法设置会计账簿，并保证其真实、完整。

**第四条** 单位负责人对本单位的会计工作和会计资料的真实性、完整性负责。

**第五条** 会计机构、会计人员依照本法规定进行会计核算，实行会计监督。

任何单位或者个人不得以任何方式授意、指使、强令会计机构、会计人员伪造、变造会计凭证、会计账簿和其他会计资料，提供虚假财务会计报告。

任何单位或者个人不得对依法履行职责、抵制违反本法规定行为的会计人员实行打击报复。

**第六条** 对认真执行本法，忠于职守，坚持原则，做出显著成绩的会计人员，给予精神的或者物质的奖励。

**第七条** 国务院财政部门主管全国的会计工作。

县级以上地方各级人民政府财政部门管理本行政区域内的会计工作。

**第八条** 国家实行统一的会计制度。国家统一的会计制度由国务院财政部门根据本法制定并公布。

国务院有关部门可以依照本法和国家统一的会计制度制定对会计核算和会计监督有特殊要求的行业实施国家统一的会计制度的具体办法或者补充规定，报国务院财政部门审核批准。

国家加强会计信息化建设，鼓励依法采用现代信息技术开展会计工作，具体办法由国务院财政部门会同有关部门制定。

## 第二章　会计核算

**第九条**　各单位必须根据实际发生的经济业务事项进行会计核算，填制会计凭证，登记会计账簿，编制财务会计报告。

任何单位不得以虚假的经济业务事项或者资料进行会计核算。

**第十条**　各单位应当对下列经济业务事项办理会计手续，进行会计核算：

（一）资产的增减和使用；

（二）负债的增减；

（三）净资产（所有者权益）的增减；

（四）收入、支出、费用、成本的增减；

（五）财务成果的计算和处理；

（六）需要办理会计手续、进行会计核算的其他事项。

**第十一条**　会计年度自公历1月1日起至12月31日止。

**第十二条**　会计核算以人民币为记账本位币。

业务收支以人民币以外的货币为主的单位，可以选定其中一种货币作为记账本位币，但是编报的财务会计报告应当折算为人民币。

**第十三条**　会计凭证、会计账簿、财务会计报告和其他会计资料，必须符合国家统一的会计制度的规定。

使用电子计算机进行会计核算的，其软件及其生成的会计凭证、会计账簿、财务会计报告和其他会计资料，也必须符合国家统一的会计制度的规定。

任何单位和个人不得伪造、变造会计凭证、会计账簿及其他会计资料，不得提供虚假的财务会计报告。

**第十四条**　会计凭证包括原始凭证和记账凭证。

办理本法第十条所列的经济业务事项，必须填制或者取得原始凭证并及时送交会计机构。

会计机构、会计人员必须按照国家统一的会计制度的规定对原始凭证进行审核，对不真实、不合法的原始凭证有权不予接受，并向单位负责人报告；对记载不准确、不完整的原始凭证予以退回，并要求按照国家统一的会计制度的规定更正、补充。

原始凭证记载的各项内容均不得涂改；原始凭证有错误的，应当由出具单位重开或者更正，更正处应当加盖出具单位印章。原始凭证金额有错误的，应当由出具单位重开，不得在原始凭证上更正。

记账凭证应当根据经过审核的原始凭证及有关资料编制。

第十五条 会计账簿登记，必须以经过审核的会计凭证为依据，并符合有关法律、行政法规和国家统一的会计制度的规定。会计账簿包括总账、明细账、日记账和其他辅助性账簿。

会计账簿应当按照连续编号的页码顺序登记。会计账簿记录发生错误或者隔页、缺号、跳行的，应当按照国家统一的会计制度规定的方法更正，并由会计人员和会计机构负责人（会计主管人员）在更正处盖章。

使用电子计算机进行会计核算的，其会计账簿的登记、更正，应当符合国家统一的会计制度的规定。

第十六条 各单位发生的各项经济业务事项应当在依法设置的会计账簿上统一登记、核算，不得违反本法和国家统一的会计制度的规定私设会计账簿登记、核算。

第十七条 各单位应当定期将会计账簿记录与实物、款项及有关资料相互核对，保证会计账簿记录与实物及款项的实有数额相符、会计账簿记录与会计凭证的有关内容相符、会计账簿之间相对应的记录相符、会计账簿记录与会计报表的有关内容相符。

第十八条 各单位采用的会计处理方法，前后各期应当一致，不得随意变更；确有必要变更的，应当按照国家统一的会计制度的规定变更，并将变更的原因、情况及影响在财务会计报告中说明。

第十九条 单位提供的担保、未决诉讼等或有事项，应当按照国家统一的会计制度的规定，在财务会计报告中予以说明。

第二十条　财务会计报告应当根据经过审核的会计账簿记录和有关资料编制，并符合本法和国家统一的会计制度关于财务会计报告的编制要求、提供对象和提供期限的规定；其他法律、行政法规另有规定的，从其规定。

向不同的会计资料使用者提供的财务会计报告，其编制依据应当一致。有关法律、行政法规规定财务会计报告须经注册会计师审计的，注册会计师及其所在的会计师事务所出具的审计报告应当随同财务会计报告一并提供。

第二十一条　财务会计报告应当由单位负责人和主管会计工作的负责人、会计机构负责人（会计主管人员）签名并盖章；设置总会计师的单位，还须由总会计师签名并盖章。

单位负责人应当保证财务会计报告真实、完整。

第二十二条　会计记录的文字应当使用中文。在民族自治地方，会计记录可以同时使用当地通用的一种民族文字。在中华人民共和国境内的外商投资企业、外国企业和其他外国组织的会计记录可以同时使用一种外国文字。

第二十三条　各单位对会计凭证、会计账簿、财务会计报告和其他会计资料应当建立档案，妥善保管。会计档案的保管期限、销毁、安全保护等具体管理办法，由国务院财政部门会同有关部门制定。

第二十四条　各单位进行会计核算不得有下列行为：

（一）随意改变资产、负债、净资产（所有者权益）的确认标准或者计量方法，虚列、多列、不列或者少列资产、负债、净资产（所有者权益）；

（二）虚列或者隐瞒收入，推迟或者提前确认收入；

（三）随意改变费用、成本的确认标准或者计量方法，虚列、多列、不列或者少列费用、成本；

（四）随意调整利润的计算、分配方法，编造虚假利润或者隐瞒利润；

（五）违反国家统一的会计制度规定的其他行为。

## 第三章　会计监督

第二十五条　各单位应当建立、健全本单位内部会计监督制度，并将其纳入本单位内部控制制度。单位内部会计监督制度应当符合下列要求：

（一）记账人员与经济业务事项和会计事项的审批人员、经办人员、财物保管人员的职责权限应当明确，并相互分离、相互制约；

（二）重大对外投资、资产处置、资金调度和其他重要经济业务事项的决策和执行的相互监督、相互制约程序应当明确；

（三）财产清查的范围、期限和组织程序应当明确；

（四）对会计资料定期进行内部审计的办法和程序应当明确；

（五）国务院财政部门规定的其他要求。

第二十六条　单位负责人应当保证会计机构、会计人员依法履行职责，不得授意、指使、强令会计机构、会计人员违法办理会计事项。

会计机构、会计人员对违反本法和国家统一的会计制度规定的会计事项，有权拒绝办理或者按照职权予以纠正。

第二十七条　会计机构、会计人员发现会计账簿记录与实物、款项及有关资料不相符的，按照国家统一的会计制度的规定有权自行处理的，应当及时处理；无权处理的，应当立即向单位负责人报告，请求查明原因，作出处理。

第二十八条　任何单位和个人对违反本法和国家统一的会计制度规定的行为，有权检举。收到检举的部门有权处理的，应当依法按照职责分工及时处理；无权处理的，应当及时移送有权处理的部门处理。收到检举的部门、负责处理的部门应当为检举人保密，不得将检举人姓名和检举材料转给被检举单位和被检举人个人。

第二十九条　有关法律、行政法规规定，须经注册会计师进行审计的单位，应当向受委托的会计师事务所如实提供会计凭证、会计账簿、财务会计报告和其他会计资料以及有关情况。

任何单位或者个人不得以任何方式要求或者示意注册会计师及其所在的会计师事务所出具不实或者不当的审计报告。

财政部门有权对会计师事务所出具审计报告的程序和内容进行监督。

第三十条　财政部门对各单位的下列情况实施监督：

（一）是否依法设置会计账簿；

（二）会计凭证、会计账簿、财务会计报告和其他会计资料是否真实、完整；

（三）会计核算是否符合本法和国家统一的会计制度的规定；

（四）从事会计工作的人员是否具备专业能力、遵守职业道德。

在对前款第（二）项所列事项实施监督，发现重大违法嫌疑时，国务院财政部门及其派出机构可以向与被监督单位有经济业务往来的单位和被监督单位开立账户的金融机构查询有关情况，有关单位和金融机构应当给予支持。

第三十一条　财政、审计、税务、金融管理等部门应当依照有关法律、行政法规规定的职责，对有关单位的会计资料实施监督检查，并出具检查结论。

财政、审计、税务、金融管理等部门应当加强监督检查协作，有关监督检查部门已经作出的检查结论能够满足其他监督检查部门履行本部门职责需要的，其他监督检查部门应当加以利用，避免重复查账。

第三十二条　依法对有关单位的会计资料实施监督检查的部门及其工作人员对在监督检查中知悉的国家秘密、工作秘密、商业秘密、个人隐私、个人信息负有保密义务。

第三十三条　各单位必须依照有关法律、行政法规的规定，接受有关监督检查部门依法实施的监督检查，如实提供会计凭证、会计账簿、财务会计报告和其他会计资料以及有关情况，不得拒绝、隐匿、谎报。

## 第四章 会计机构和会计人员

**第三十四条** 各单位应当根据会计业务的需要，依法采取下列一种方式组织本单位的会计工作：

（一）设置会计机构；

（二）在有关机构中设置会计岗位并指定会计主管人员；

（三）委托经批准设立从事会计代理记账业务的中介机构代理记账；

（四）国务院财政部门规定的其他方式。

国有的和国有资本占控股地位或者主导地位的大、中型企业必须设置总会计师。总会计师的任职资格、任免程序、职责权限由国务院规定。

**第三十五条** 会计机构内部应当建立稽核制度。

出纳人员不得兼任稽核、会计档案保管和收入、支出、费用、债权债务账目的登记工作。

**第三十六条** 会计人员应当具备从事会计工作所需要的专业能力。

担任单位会计机构负责人（会计主管人员）的，应当具备会计师以上专业技术职务资格或者从事会计工作三年以上经历。

本法所称会计人员的范围由国务院财政部门规定。

**第三十七条** 会计人员应当遵守职业道德，提高业务素质，严格遵守国家有关保密规定。对会计人员的教育和培训工作应当加强。

**第三十八条** 因有提供虚假财务会计报告，做假账，隐匿或者故意销毁会计凭证、会计账簿、财务会计报告，贪污，挪用公款，职务侵占等与会计职务有关的违法行为被依法追究刑事责任的人员，不得再从事会计工作。

**第三十九条** 会计人员调动工作或者离职，必须与接管人员办清交接手续。

一般会计人员办理交接手续，由会计机构负责人（会计主管人员）监交；会计机构负责人（会计主管人员）办理交接手续，由单位负责人监交，必要时主管单位可以派人会同监交。

## 第五章 法律责任

第四十条 违反本法规定，有下列行为之一的，由县级以上人民政府财政部门责令限期改正，给予警告、通报批评，对单位可以并处二十万元以下的罚款，对其直接负责的主管人员和其他直接责任人员可以处五万元以下的罚款；情节严重的，对单位可以并处二十万元以上一百万元以下的罚款，对其直接负责的主管人员和其他直接责任人员可以处五万元以上五十万元以下的罚款；属于公职人员的，还应当依法给予处分：

（一）不依法设置会计账簿的；

（二）私设会计账簿的；

（三）未按照规定填制、取得原始凭证或者填制、取得的原始凭证不符合规定的；

（四）以未经审核的会计凭证为依据登记会计账簿或者登记会计账簿不符合规定的；

（五）随意变更会计处理方法的；

（六）向不同的会计资料使用者提供的财务会计报告编制依据不一致的；

（七）未按照规定使用会计记录文字或者记账本位币的；

（八）未按照规定保管会计资料，致使会计资料毁损、灭失的；

（九）未按照规定建立并实施单位内部会计监督制度或者拒绝依法实施的监督或者不如实提供有关会计资料及有关情况的；

（十）任用会计人员不符合本法规定的。

有前款所列行为之一，构成犯罪的，依法追究刑事责任。

会计人员有第一款所列行为之一，情节严重的，五年内不得从事会计工作。

有关法律对第一款所列行为的处罚另有规定的，依照有关法律的规定办理。

**第四十一条** 伪造、变造会计凭证、会计账簿，编制虚假财务会计报告，隐匿或者故意销毁依法应当保存的会计凭证、会计账簿、财务会计报告的，由县级以上人民政府财政部门责令限期改正，给予警告、通报批评，没收违法所得，违法所得二十万元以上的，对单位可以并处违法所得一倍以上十倍以下的罚款，没有违法所得或者违法所得不足二十万元的，可以并处二十万元以上二百万元以下的罚款；对其直接负责的主管人员和其他直接责任人员可以处十万元以上五十万元以下的罚款，情节严重的，可以处五十万元以上二百万元以下的罚款；属于公职人员的，还应当依法给予处分；其中的会计人员，五年内不得从事会计工作；构成犯罪的，依法追究刑事责任。

**第四十二条** 授意、指使、强令会计机构、会计人员及其他人员伪造、变造会计凭证、会计账簿，编制虚假财务会计报告或者隐匿、故意销毁依法应当保存的会计凭证、会计账簿、财务会计报告的，由县级以上人民政府财政部门给予警告、通报批评，可以并处二十万元以上一百万元以下的罚款；情节严重的，可以并处一百万元以上五百万元以下的罚款；属于公职人员的，还应当依法给予处分；构成犯罪的，依法追究刑事责任。

**第四十三条** 单位负责人对依法履行职责、抵制违反本法规定行为的会计人员以降级、撤职、调离工作岗位、解聘或者开除等方式实行打击报复的，依法给予处分；构成犯罪的，依法追究刑事责任。对受打击报复的会计人员，应当恢复其名誉和原有职务、级别。

**第四十四条** 财政部门及有关行政部门的工作人员在实施监督管理中滥用职权、玩忽职守、徇私舞弊或者泄露国家秘密、工作秘密、商业秘密、个人隐私、个人信息的，依法给予处分；构成犯罪的，依法追究刑事责任。

第四十五条　违反本法规定,将检举人姓名和检举材料转给被检举单位和被检举人个人的,依法给予处分。

第四十六条　违反本法规定,但具有《中华人民共和国行政处罚法》规定的从轻、减轻或者不予处罚情形的,依照其规定从轻、减轻或者不予处罚。

第四十七条　因违反本法规定受到处罚的,按照国家有关规定记入信用记录。

违反本法规定,同时违反其他法律规定的,由有关部门在各自职权范围内依法进行处罚。

## 第六章　附　　则

第四十八条　本法下列用语的含义:

单位负责人,是指单位法定代表人或者法律、行政法规规定代表单位行使职权的主要负责人。

国家统一的会计制度,是指国务院财政部门根据本法制定的关于会计核算、会计监督、会计机构和会计人员以及会计工作管理的制度。

第四十九条　中央军事委员会有关部门可以依照本法和国家统一的会计制度制定军队实施国家统一的会计制度的具体办法,抄送国务院财政部门。

第五十条　个体工商户会计管理的具体办法,由国务院财政部门根据本法的原则另行规定。

第五十一条　本法自2000年7月1日起施行。

# 附录三

## 《财政部门实施会计监督办法》
## （财政部令第10号）

### 第一章 总 则

**第一条** 为规范财政部门会计监督工作，保障财政部门有效实施会计监督，保护公民、法人和其他组织的合法权益，根据《中华人民共和国会计法》（以下简称《会计法》）、《中华人民共和国行政处罚法》（以下简称《行政处罚法》）、《企业财务会计报告条例》等有关法律、行政法规的规定，制定本办法。

**第二条** 国务院财政部门及其派出机构和县级以上地方各级人民政府财政部门（以下统称财政部门）对国家机关、社会团体、公司、企业、事业单位和其他组织（以下统称单位）执行《会计法》和国家统一的会计制度的行为实施监督检查以及对违法会计行为实施行政处罚，适用本办法。

当事人的违法会计行为依法应当给予行政处分的，执行有关法律、行政法规的规定。

**第三条** 县级以上财政部门负责本行政区域的会计监督检查，并依法对违法会计行为实施行政处罚。

跨行政区域行政处罚案件的管辖确定，由相关的财政部门协商解决；协商不成的，报请共同的上一级财政部门指定管辖。

上级财政部门可以直接查处下级财政部门管辖的案件，下级财政部门对于重大、疑难案件可以报请上级财政部门管辖。

第四条　财政部门对违法会计行为案件的处理，应当按照本办法规定的程序，经审查立案、组织检查、审理后，作出处理决定。

第五条　财政部门应当在内部指定专门的机构或者在相关机构中指定专门的人员负责会计监督检查和违法会计行为案件的立案、审理、执行、移送和案卷管理等工作。财政部门内部相关机构或者职责的设立，应当体现案件调查与案件审理相分离、罚款决定与罚款收缴相分离的原则。

第六条　财政部门应当建立健全会计监督制度，并将会计监督与财务监督和其他财政监督结合起来，不断改进和加强会计监督工作。

第七条　任何单位和个人对违法会计行为有权检举。

财政部门对受理的检举应当及时按照有关规定处理，不得将检举人姓名和检举材料转给被检举单位和被检举人个人。

第八条　财政部门及其工作人员对在会计监督检查工作中知悉的国家秘密和商业秘密负有保密义务。

## 第二章　会计监督检查的内容、形式和程序

第九条　财政部门依法对各单位设置会计账簿的下列情况实施监督检查：

（一）应当设置会计账簿的是否按规定设置会计账簿；

（二）是否存在账外设账的行为；

（三）是否存在伪造、变造会计账簿的行为；

（四）设置会计账簿是否存在其他违反法律、行政法规和国家统一的会计制度的行为。

第十条　财政部门依法对各单位会计凭证、会计账簿、财务会计报告和其他会计资料的真实性、完整性实施监督检查，内容包括：

（一）《会计法》第十条规定的应当办理会计手续、进行会计核算的经济业务事项是否如实在会计凭证、会计账簿、财务会计报告和其他会计资料上反映；

（二）填制的会计凭证、登记的会计账簿、编制的财务会计报告与实际发生的经济业务事项是否相符；

（三）财务会计报告的内容是否符合有关法律、行政法规和国家统一的会计制度的规定；

（四）其他会计资料是否真实、完整。

**第十一条** 财政部门依法对各单位会计核算的下列情况实施监督检查：

（一）采用会计年度、使用记账本位币和会计记录文字是否符合法律、行政法规和国家统一的会计制度的规定；

（二）填制或者取得原始凭证、编制记账凭证、登记会计账簿是否符合法律、行政法规和国家统一的会计制度的规定；

（三）财务会计报告的编制程序、报送对象和报送期限是否符合法律、行政法规和国家统一的会计制度的规定；

（四）会计处理方法的采用和变更是否符合法律、行政法规和国家统一的会计制度的规定；

（五）使用的会计软件及其生成的会计资料是否符合法律、行政法规和国家统一的会计制度的规定；

（六）是否按照法律、行政法规和国家统一的会计制度的规定建立并实施内部会计监督制度；

（七）会计核算是否有其他违法会计行为。

**第十二条** 财政部门依法对各单位会计档案的建立、保管和销毁是否符合法律、行政法规和国家统一的会计制度的规定实施监督检查。

**第十三条** 财政部门依法对公司、企业执行《会计法》第二十五条和第二十六条的情况实施监督检查。

**第十四条** 财政部门依法对各单位任用会计人员的下列情况实施

监督检查：

（一）从事会计工作的人员是否持有会计从业资格证书；

（二）会计机构负责人（会计主管人员）是否具备法律、行政法规和国家统一的会计制度规定的任职资格。

第十五条　国务院财政部门及其派出机构和省、自治区、直辖市财政部门依法对会计师事务所出具的审计报告的程序和内容实施监督检查。

第十六条　财政部门实施会计监督检查可以采用下列形式：

（一）对单位遵守《会计法》、会计行政法规和国家统一的会计制度情况进行全面检查；

（二）对单位会计基础工作、从事会计工作的人员持有会计从业资格证书、会计人员从业情况进行专项检查或者抽查；

（三）对有检举线索或者在财政管理工作中发现有违法嫌疑的单位进行重点检查；

（四）对经注册会计师审计的财务会计报告进行定期抽查；

（五）对会计师事务所出具的审计报告进行抽查；

（六）依法实施其他形式的会计监督检查。

第十七条　财政部门实施会计监督检查，应当执行《财政检查工作规则》（财政部财监字〔1998〕223号）和本办法规定的工作程序、要求，保证会计监督检查的工作质量。

第十八条　在会计监督检查中，检查人员应当如实填写会计监督检查工作记录。

会计监督检查工作记录应当包括下列内容：

（一）检查工作记录的编号；

（二）被检查单位违法会计行为发生的日期、记账凭证编号、会计账簿名称和编号、财务会计报告名称和会计期间、会计档案编号；

（三）被检查单位违法会计行为主要内容摘录；

（四）会计监督检查工作记录附件的主要内容和页数；

（五）其他应当说明的事项；

（六）检查人员签章及填制日期；

（七）检查组长签章及日期。

前款第（四）项所称会计监督检查工作记录附件应当包括下列材料：

（一）与被检查事项有关的会计凭证、会计账簿、财务会计报告等会计资料的复印件；

（二）与被检查事项有关的文件、合同、协议、往来函件等资料的复印件；

（三）注册会计师及其会计师事务所出具的审计报告、有关资料的复印件；

（四）其他有关资料。

第十九条　财政部门实施会计监督检查，可以在被检查单位的业务场所进行；必要时，经财政部门负责人批准，也可以将被检查单位以前会计年度的会计凭证、会计账簿、财务会计报告和其他有关资料调回财政部门检查，但须由组织检查的财政部门向被检查单位开具调用会计资料清单，并在三个月内完整退还。

第二十条　财政部门在被检查单位涉嫌违法的证据可能灭失或者以后难以取得的情况下，经财政部门负责人批准，可以对证据先行登记保存，并应当在七日内对先行登记保存的证据作出处理决定。

第二十一条　国务院财政部门及其派出机构在对有关单位会计资料的真实性、完整性实施监督检查过程中，发现重大违法嫌疑时，可以向与被检查单位有经济业务往来的单位或者被检查单位开立账户的金融机构查询有关情况。向与被检查单位有经济业务往来的单位查询有关情况，应当经国务院财政部门或者其派出机构负责人批准，并持查询情况许可证明；向被检查单位开立账户的金融机构查询情况，应当遵守《关于财政部及其派出机构查询被监督单位有关情况若干具体问题的通知》（财政部、中国人民银行财监字〔2000〕39号）的规定。

第二十二条 检查组应当在检查工作结束后十日内,将会计监督检查报告、会计监督检查工作记录及其附件、被检查当事人提出的书面意见提交组织检查的财政部门。

会计监督检查报告应当包括下列内容:

(一)检查的范围、内容、形式和时间;

(二)被检查单位的基本情况;

(三)检查组检查工作的基本情况;

(四)当事人的违法会计行为和确认违法事实的依据;

(五)对当事人给予行政处罚的建议;

(六)对当事人给予行政处分的建议;

(七)对涉嫌犯罪的当事人提出移送司法机关的建议;

(八)其他需要说明的内容;

(九)检查组组长签章及日期。

第二十三条 财政部门对于检查组提交的会计监督检查报告及其他有关材料应当按照本办法第四章的有关规定进行审理,并作出处理决定。

## 第三章 处理、处罚的种类和适用

第二十四条 财政部门在会计监督检查中实施行政处罚的种类包括:

(一)警告;

(二)罚款;

(三)吊销会计从业资格证书。

第二十五条 财政部门对违法会计行为查实后,应当责令当事人改正或者限期改正,并依法给予行政处罚。

第二十六条 当事人有下列情形之一的,财政部门应当依法从轻给予行政处罚:

（一）违法会计行为是初犯，且主动改正违法会计行为、消除危害后果的；

（二）违法会计行为是受他人胁迫进行的；

（三）配合财政部门查处违法会计行为有立功表现的；

（四）其他依法应当从轻给予行政处罚的。

**第二十七条** 当事人有下列情形之一的，财政部门应当依法从重给予行政处罚：

（一）无故未能按期改正违法会计行为的；

（二）屡查屡犯的；

（三）抗拒、阻挠依法实施的监督，不如实提供有关会计资料和情况的；

（四）胁迫他人实施违法会计行为的；

（五）违法会计行为对单位的财务状况和经营成果产生重大影响的；

（六）以虚假的经济业务事项或者资料为依据进行会计核算，造成会计信息严重失实的；

（七）随意改变会计要素确认标准、计量方法，造成会计信息严重失实的；

（八）违法会计行为是以截留、挪用、侵占、浪费国家财政资金为目的的；

（九）违法会计行为已构成犯罪但司法机关免予刑事处罚的。

**第二十八条** 财政部门在对本办法第九条、第十条、第十一条、第十二条、第十三条、第十四条规定的内容实施会计监督检查中，发现当事人有《会计法》第四十二条第一款所列违法会计行为的，应当依照《会计法》第四十二条的规定处理。

**第二十九条** 财政部门在对本办法第九条、第十条、第十一条、第十二条、第十三条规定的内容实施会计监督检查中，发现当事人有伪造、变造会计凭证、会计账簿或者编制虚假财务会计报告的，应当依照《会计法》第四十三条的规定处理。

第三十条 财政部门在对本办法第九条、第十条、第十一条、第十二条、第十三条规定的内容实施会计监督检查中，发现有隐匿或者故意销毁依法应当保存的会计凭证、会计账簿、财务会计报告的违法会计行为的，应当依照《会计法》第四十四条的规定处理。

第三十一条 财政部门在实施会计监督检查中，发现被检查单位的有关人员有授意、指使、强令会计机构、会计人员及其他人员伪造、变造或者隐匿、故意销毁依法应当保存的会计凭证、会计账簿，编制虚假财务会计报告行为的，应当依照《会计法》第四十五条的规定处理。

第三十二条 财政部门在会计监督检查中发现单位负责人对依法履行职责的会计人员实行打击报复的，应当依照《会计法》第四十六条的规定处理。

第三十三条 财政部门对本办法第十五条规定的内容实施监督检查时，发现注册会计师及会计师事务所出具审计报告的程序和内容违反《中华人民共和国注册会计师法》规定的，应当依照《中华人民共和国注册会计师法》的有关规定处理。

第三十四条 财政部门认为违法会计行为构成犯罪的，应当依照有关规定移送司法机关处理。

第三十五条 财政部门的工作人员在实施会计监督中，有下列行为之一的，依法给予行政处分；构成犯罪的，依法追究刑事责任：

（一）滥用职权的；

（二）玩忽职守、徇私舞弊的；

（三）索贿受贿的；

（四）泄露国家秘密、商业秘密的。

## 第四章 行政处罚程序

第三十六条 财政部门对违法会计行为实施行政处罚,应当按照本章规定的程序办理。

第三十七条 财政部门对公民、法人和其他组织检举的违法会计行为案件,应当予以审查,并在七日内决定是否立案。

第三十八条 财政部门对违法会计行为案件的下列内容予以审查:

(一)违法事实是否清楚;

(二)证据是否确凿;

(三)其他需要审查的内容。

第三十九条 财政部门对符合下列条件的违法会计行为案件应当予以立案:

(一)有明确的违法会计行为、违法会计行为人;

(二)有可靠的事实依据;

(三)当事人的违法会计行为依法应当给予行政处罚;

(四)属于本机关管辖。

第四十条 财政部门对违法会计行为案件审查后,认为不符合立案条件的,应当告知检举人,并将审查意见存档;认为案件依法应当由其他部门管辖的,及时将案件材料移送有关部门。

第四十一条 对下列违法会计行为案件,财政部门可以直接立案:

(一)在会计监督检查中发现的;

(二)在其他财政监督检查中发现的;

(三)在日常财政管理工作中发现的;

(四)上级财政部门指定办理、下级财政部门上报的;

(五)有关部门移送的。

第四十二条 财政部门对按照本办法第三十七条、第三十九条和第四十一条第(三)、(四)、(五)项规定立案的违法会计行为案件,应当按照本办法第二章规定的程序实施会计监督检查。

**第四十三条** 财政部门应当建立违法会计行为案件的审理制度。

财政部门应当指定专门的机构或者在相关机构中指定专门的人员,负责对已经立案并实施会计监督检查的案件按照本章规定的程序审核检查组提交的有关材料,以确定是否对当事人给予行政处罚以及对当事人的处罚种类和幅度。

**第四十四条** 财政部门对违法会计行为案件的审理应当依照有关法律、行政法规和规章的规定进行,并遵循实事求是、证据确凿、程序合法、错罚相当的原则。

**第四十五条** 案件审理人员应当对违法会计行为案件的下列内容进行审查:

(一)实施的会计监督检查是否符合法定程序;

(二)当事人的违法事实是否清楚;

(三)收集的证明材料是否真实、充分;

(四)认定违法会计行为所适用的依据是否正确;

(五)建议给予的行政处罚种类和幅度是否合法和适当;

(六)当事人陈述和申辩的理由是否成立;

(七)需要审理的其他事项。

**第四十六条** 案件审理人员对其审理的案件可以分别作出下列处理:

(一)对会计监督检查未履行法定程序的,经向财政部门负责人报告并批准后,采取必要的弥补措施;

(二)对违法事实不清、证据不充分的,中止审理,并通知有关检查人员予以说明或者补充、核实有关的检查材料。必要时,经财政部门负责人批准,可另行组织调查、取证;

(三)对认定违法会计行为所适用的依据、建议给予的行政处罚的种类和幅度不正确、不适当的,提出修改意见;

(四)对审理事项没有异议的,签署同意意见。

**第四十七条** 财政部门根据对违法会计行为案件的审理结果,分别作出下列处理决定:

（一）违法事实不能成立的，不得给予行政处罚；

（二）违法会计行为轻微，依法不予行政处罚的，不予行政处罚；

（三）违法事实成立，依法应当给予行政处罚的，作出行政处罚决定；

（四）违法会计行为应当给予行政处分的，将有关材料移送其所在单位或者有关单位，并提出给予行政处分的具体建议；

（五）按照有关法律、行政法规和规章的规定，违法行为应当由其他部门实施行政处罚的，将有关材料移送有关部门处理；

（六）认为违法行为构成犯罪的，将违法案件有关材料移送司法机关处理。

**第四十八条** 财政部门对当事人没有违法会计行为或者违法会计行为轻微依法不予行政处罚的，应当制作会计监督检查结论，送达当事人，并根据需要将副本抄送有关单位。

会计监督检查结论包括下列内容：

（一）财政部门的名称；

（二）检查的范围、内容、形式和时间；

（三）对检查事项未发现违法会计行为或者违法会计行为轻微依法不予行政处罚的说明；

（四）要求当事人限期改正违法会计行为的期限；

（五）其他需要说明的内容。

**第四十九条** 财政部门对违法会计行为依法作出行政处罚决定后，应当制作会计监督行政处罚决定书，送达当事人，并根据需要将副本抄送有关单位。

会计监督行政处罚决定书应当载明下列事项：

（一）当事人名称或者姓名、地址；

（二）违反法律、行政法规、国家统一的会计制度的事实和证据；

（三）要求当事人限期改正违法会计行为的期限；

（四）行政处罚决定及其依据；

（五）行政处罚的履行方式和期限；

（六）当事人不服行政处罚决定，申请行政复议或者提起行政诉讼的途径和期限；

（七）作出行政处罚决定的财政部门的名称、印章；

（八）作出行政处罚决定的日期、处罚决定文号；

（九）如果有附件应当说明附件的名称和数量。

**第五十条** 财政部门在作出行政处罚决定之前，应当告知当事人作出行政处罚决定的事实、理由及依据。当事人有权进行陈述和申辩。

财政部门应当充分听取当事人的意见，并应当对当事人提出的事实、理由和证据进行复核；当事人提出的事实、理由或者证据成立的，财政部门应当采纳。

财政部门不得因当事人申辩而加重处罚。

**第五十一条** 财政部门作出较大数额罚款、吊销会计从业资格证书的行政处罚决定之前，应当告知当事人有要求听证的权利；当事人要求听证的，应当按照《财政部门行政处罚听证程序实施办法》（财政部财法字〔1998〕18号）的规定组织听证。

**第五十二条** 听证程序终结后，财政部门应当根据本办法第四十七条的规定作出处理决定。

**第五十三条** 财政部门应当在接到会计监督检查报告之日起三十日内作出处理决定，并送达当事人；遇有特殊情况可延长至六十日内送达当事人。

**第五十四条** 财政部门依法作出行政处罚决定后，当事人应当在规定的期限内履行行政处罚决定。

当事人对行政处罚决定不服申请行政复议或者提起行政诉讼的，行政处罚不停止执行，但法律、行政法规另有规定的除外。

**第五十五条** 当事人逾期不申请行政复议或者不提起行政诉讼又不履行处罚决定的，由作出行政处罚决定的财政部门申请人民法院强制执行。

第五十六条　当事人到期不缴纳罚款的,作出处罚决定的财政部门可以按照《行政处罚法》的有关规定对当事人加处罚款。

当事人对加处罚款有异议的,应当先缴纳罚款和因逾期缴纳罚款所加处的罚款,再依法申请行政复议或者提起行政诉讼。

第五十七条　案件结案后,案件审理人员应当做好案件材料的立卷归档工作。

第五十八条　财政部门应当建立违法会计行为案件备案制度。

县级以上地方财政部门对适用听证程序、提起行政诉讼和上级财政部门指定办理的案件,应当在结案后三十日内向上一级财政部门备案。

## 第五章　附　　则

第五十九条　本办法所称"违法会计行为",是指公民、法人和其他组织违反《会计法》和其他有关法律、行政法规、国家统一的会计制度的行为。

本办法所称"违法会计行为案件",是指财政部门发现的或者受理的公民、法人和其他组织涉嫌有违法会计行为的案件。

第六十条　本办法所称"当事人",是指财政部门实施会计监督检查的单位及其对会计行为直接负责的主管人员和其他直接责任人员。

第六十一条　本办法第五十一条所称"较大数额罚款",是指对个人处以二千元以上罚款、对法人或者其他组织处以五万元以上罚款。

各省、自治区、直辖市通过的地方法规对"较大数额罚款"的限额另有规定的,可以不受上述数额的限制。

第六十二条　本办法所称"限期改正"的期限原则上为十五日。有特殊原因需要延长的,由组织检查的财政部门决定。

第六十三条　本办法所称的"日",均指有效工作日。

**第六十四条** 各省、自治区、直辖市、计划单列市财政部门、新疆生产建设兵团可以依照本办法制定具体的实施办法,报国务院财政部门备案。

**第六十五条** 本办法自发布之日起施行。

# 附录四　主要法律法规节选

## 《会计基础工作规范（征求意见稿）》节选

第十条　没有设置会计机构，且未在有关机构中配备专职会计人员的，可以采取以下方式组织会计工作：

（一）委托会计师事务所或经批准从事会计代理记账业务的中介机构代理记账；

（二）由主管单位或集团公司统一组织所属单位的会计工作；

（三）由财政部门对同级行政事业单位进行会计集中核算；

（四）由乡镇人民政府或街道办事处对所辖村级组织进行会计集中核算。

第十一条　会计机构负责人（会计主管人员）应当具备下列基本条件：

（一）坚持原则，廉洁奉公，遵守职业道德；

（二）具备会计师以上专业技术职务资格或者从事会计工作三年以上经历；

（三）熟悉国家有关法律、法规和国家统一的会计制度，掌握本行业业务管理的有关知识；

（四）有较强的组织能力；

（五）身体状况能够适应本职工作的要求。

第二十一条　国家机关、国有的和国有资本占控股地位或主导地位的企业、事业单位任用会计人员应当实行回避制度。

单位负责人、单位主管会计工作负责人（总会计师）的亲属不得担任本单位的会计机构负责人（会计主管人员）。会计机构负责人（会计主管人员）的亲属不得在本单位担任出纳工作。

需要回避的亲属为：夫妻关系、直系血亲关系、三代以内旁系血亲以及近姻亲关系。

**第二十六条** 会计核算以人民币为记账本位币。

业务收支以人民币以外的货币为主的单位，可以选定其中一种货币作为记账本位币，但是编报的财务会计报告应当折算为人民币。

境外单位向国内有关部门编报的财务会计报告，应当折算为人民币。

**第三十条** 使用会计软件进行会计核算的，会计软件及其生成的会计凭证、会计账簿、财务会计报告和其他会计资料，应当符合《会计信息化工作规范》和《会计软件基本功能和服务规范》的有关规定。

**第三十二条** 各单位的会计凭证、会计账簿、财务会计报告和其他会计资料，应当建立档案，妥善保管。会计档案建档要求、保管期限、销毁办法等依据《会计档案管理办法》的规定执行。

**第三十六条** 原始凭证的基本要求：

（一）原始凭证的内容必须具备：凭证的名称；填制凭证的日期；填制凭证单位名称或者填制人姓名；经办人员的签名或者盖章；接受凭证单位名称；经济业务事项内容；数量、单价和金额。

（二）从外单位取得的原始凭证，必须盖有填制单位的公章或者发票（收费、财务）专用章，或者法律、法规规定的其他签章；从个人取得的原始凭证，必须有填制人员的签名或者盖章。

（三）自制原始凭证，应当有经办单位负责人或者其授权人员的签名或者盖章；通过业务系统传递数据至会计软件实现集成报账生成自制原始凭证的，在确保业务系统数据规则清晰、自动出具、满足内部审批要求、体现审批环节人员信息且信息传递完整准确的情况下，无需经办单位负责人或者其授权人员的签名或者盖章。

（四）对外开出的原始凭证，必须加盖本单位公章或者发票（收费、财务）专用章，或者法律、法规规定的其他签章。

（五）从外单位取得的或对外开出的电子原始凭证应附有符合《中华人民共和国电子签名法》规定的电子签名；不具备电子签名的，必须通过可信的数据源查验电子原始凭证的真实、完整。

（六）来源可靠、程序规范、要素合规的电子原始凭证与纸质原始凭证具有同等法律效力，可以直接作为入账依据。以电子原始凭证的纸质打印件作为入账依据的，必须同时保存该纸质件的电子原始凭证。

（七）以取得的境外原始凭证作为入账依据时，应当保证其来源可靠、内容真实、完整；必要时，提供境外公证机构或者注册会计师的确认证明。

第三十七条　各单位处理和应用电子原始凭证，应当保证电子原始凭证的接收、生成、传输、存储等各环节的安全可靠，能够及时发现对电子原始凭证的任何篡改，能够有效防止电子原始凭证重复入账。

第三十九条　记账凭证的内容必须具备：填制凭证的日期；凭证编号；经济业务摘要；会计科目；金额；所附纸质原始凭证张数或电子原始凭证份数；填制凭证人员、稽核人员、记账人员、会计机构负责人（会计主管人员）的姓名。收款和付款记账凭证还应当有出纳人员的姓名。手工记账下需要上述人员签名或者盖章。经济业务摘要应当清楚地反映经济业务事项。

以自制原始凭证或者原始凭证汇总表代替记账凭证的，必须具备记账凭证应有的项目。

第四十三条　会计机构、会计人员要妥善保管会计凭证。

（一）会计凭证登记完毕后，应当按照分类和编号顺序保管，不得散乱丢失。

（二）记账凭证应当连同所附的原始凭证或者原始凭证汇总表，

按照编号顺序进行整理保管。

（三）原始凭证一般不得外借，根据国家有关规定必须借出的，应当严格按照规定办理相关手续。其他单位如因特殊原因需要使用原始凭证时，经本单位会计机构负责人（会计主管人员）批准，可以复制。向外单位提供的原始凭证复制件，应当在专设的登记簿上登记，并由提供人员和收取人员共同签名或者盖章。

（四）从外单位取得的原始凭证如有遗失，应当取得原开出单位盖有公章的证明，并注明原来凭证的号码、金额和内容等，由经办单位会计机构负责人（会计主管人员）和单位负责人或其授权人员批准后，代作原始凭证。如果确实无法取得证明的，由当事人写出详细情况并签名，由经办单位会计机构负责人（会计主管人员）和单位负责人或其授权人员批准后，代作原始凭证。

第四十四条　各单位应当按照国家统一的会计制度的规定和会计业务的需要设置会计账簿，根据审核无误的会计凭证登记会计账簿。

会计账簿包括总账、明细账、日记账和其他辅助性账簿。手工记账的现金日记账和银行存款日记账，必须采用订本式账簿。不得用银行对账单或者其他方法代替日记账。

第四十五条　会计账簿必须具备封面、扉页、账页等基本要素。会计账簿封面上应当注明单位名称和账簿名称，会计账簿扉页上应当附启用表，内容包括：启用日期，账簿页数，记账人员和会计机构负责人（会计主管人员）签名或者盖章，单位公章或者法律、法规规定的其他签章。

会计账簿必须连续编号。启用订本式账簿，应当从第一页到最后一页顺序编定页数，不得跳页、缺号。使用活页式账页，应当按账户顺序编号，并须定期装订成册，装订后再按实际使用的账页顺序编定页码，另加目录，记明每个账户的名称和页次。

第四十六条　各单位应当定期对会计账簿记录的有关数字与库存实物、货币资金、有价证券、往来单位或者个人及有关资料等进行相互核对，保证账实相符、账证相符、账账相符、账表相符。对账工作每年至少进行一次。

（一）账实核对。核对会计账簿记录与实物及款项的实有数额是否相符。包括：现金日记账账面余额与现金实际库存数相核对；银行存款日记账账面余额定期与银行对账单相核对；各种财物明细账账面余额与财物实存数额相核对；各种应收、应付款明细账账面余额与有关债务、债权单位或者个人核对等。

（二）账证核对。核对会计账簿记录与原始凭证、记账凭证的时间、凭证字号、内容、金额是否一致，记账方向是否相符。

（三）账账核对。核对不同会计账簿之间相对应的记录是否相符，包括：总账有关账户的余额核对，总账与明细账核对，总账与日记账核对，会计机构的财产物资明细账与财产物资保管和使用部门的有关明细账核对等。

（四）账表核对。核对会计账簿记录与会计报表的有关内容、金额是否相符。

第四十九条　财务会计报告应当根据登记完整、核对无误的会计账簿记录和其他有关资料编制，做到数字真实、计算准确、项目齐全、内容完整、说明清楚。任何人不得篡改或者授意、指使、强令他人篡改财务会计报告。

第五十四条　会计人员工作调动或者离职，必须将本人所经管的会计工作全部移交给接管人员，并与接管人员办清交接手续。没有办清交接手续的，不得调动或者离职。

第五十五条　会计人员临时离职或者因病不能工作且需要接管或者代理的，会计机构负责人（会计主管人员）或者单位负责人必须指定有关人员接管或者代理，并办理交接手续。

临时离职或者因病不能工作的会计人员恢复工作的，应当与接管或者代理人员办理交接手续。

移交人员因病或者其他特殊原因不能亲自办理移交的，经会计机构负责人（会计主管人员）或者单位负责人批准，可由移交人员委托他人代办移交，但委托人应当承担本规范第六十三条规定的责任。

第五十六条 会计人员办理移交手续前，必须及时做好以下工作：

（一）已经受理的经济业务事项尚未填制会计凭证的，应当填制完毕。

（二）尚未登记的账目，应当登记完毕，并在最后一笔余额后由经办人员签名或者盖章。

（三）整理应该移交的各项资料，对未了事项写出书面材料。

（四）编制移交清册，列明应当移交的会计凭证、会计账簿、财务会计报告，以及印章、库存现金、有价证券、支票簿、发票、文件、其他会计资料和物品等内容。实行会计信息化的单位，从事该项工作的移交人员还应当在移交清册中列明电子数字证书、会计软件数据载体及有关资料、实物等内容。

第五十七条 会计人员办理交接手续，必须有监交人负责监交。一般会计人员交接，由会计机构负责人（会计主管人员）负责监交；会计机构负责人（会计主管人员）交接，由单位负责人或者其授权人员负责监交，必要时可由上级主管单位或行政主管部门派人会同监交。

第五十八条 移交人员在办理移交时，要按移交清册逐项移交；接管人员要逐项核对点收。

（一）库存现金、有价证券要根据会计账簿有关记录进行点交。库存现金、有价证券必须与会计账簿记录保持一致。不一致时，移交人员必须限期查清。

（二）会计凭证、会计账簿、财务会计报告和其他会计资料必须完整无缺。如有短缺，必须查清原因，并在移交清册中注明，由移交人员负责。

（三）银行存款账户余额要与银行对账单核对，如不一致，应当编制银行存款余额调节表调节相符，各种财产物资和债权债务的明细账户余额要与总账有关账户余额核对相符；必要时，要抽查个别账户的余额，与实物核对相符，或者与往来单位、个人核对清楚。

（四）移交人员经管的票据、印章和其他实物等，必须交接清楚。采用信息化方式工作的，要对有关电子数据在实际操作状态下进行交接。

**第五十九条** 会计机构负责人（会计主管人员）移交时，还必须将全部财务会计工作、重大财务收支和会计人员的情况等，向接管人员详细介绍。对需要移交的遗留问题，应当写出书面材料。

**第六十条** 交接完毕后，交接双方和监交人员要在移交清册上签名或者盖章，并应在移交清册上注明：单位名称，交接日期，交接双方和监交人员的职务、姓名，移交清册页数以及需要说明的问题和意见等。

移交清册一般应当填制一式三份，交接双方各执一份，存档一份。

**第六十五条** 会计机构、会计人员对本单位的经济业务事项进行会计监督，会计监督依据包括：

（一）财经法律、法规、规章；

（二）会计法律、法规和国家统一的会计制度；

（三）国务院有关部门、中央军事委员会有关部门根据《中华人民共和国会计法》和国家统一的会计制度制定的具体实施办法或者补充规定；

（四）各单位根据《中华人民共和国会计法》和国家统一的会计制度制定的单位内部会计管理制度；

（五）各单位内部的预算、财务计划、经济计划、业务计划等。

**第六十八条** 会计机构、会计人员应当对实物、款项进行监督，督促建立并严格执行财产清查制度。发现会计账簿记录与实物、款项及有关资料不相符的，按照国家统一的会计制度和单位内部管理制度的规定有权自行处理的，应当及时处理；无权处理的，应当逐级向单位主管会计工作的负责人（总会计师）、单位负责人报告，请求查明原因，作出处理。

第七十条 会计机构、会计人员应当对财务收支进行监督。

（一）对审批手续不全的财务收支，应当退回，要求补充、更正。

（二）对违反规定不纳入单位统一会计核算的财务收支，应当制止和纠正。

（三）对违反国家统一的财政、财务、会计制度规定的财务收支，不予办理。

（四）对认为是违反国家统一的财政、财务、会计制度规定的财务收支，应当制止和纠正；制止和纠正无效的，应当向单位主管会计工作的负责人（总会计师）或者单位负责人提出书面意见，请求处理。单位主管会计工作的负责人（总会计师）或者单位负责人应当在接到书面意见起十日内作出书面决定，并对决定承担责任。

（五）对违反国家统一的财政、财务、会计制度规定的财务收支，不予制止和纠正，又不向单位主管会计工作的负责人（总会计师）或者单位负责人提出书面意见的，也应当承担责任。

（六）对严重违反国家利益和社会公众利益的财务收支，应当向上级主管单位或者财政、审计、税务、金融管理等部门报告。

第八十一条 各单位应当建立健全稽核制度，主要内容包括：稽核工作的组织形式和具体分工；稽核工作的职责、权限；稽核工作的内容和方法等。

第八十三条 各单位应当建立健全计量验收制度。主要内容包括：计量检测手段和方法；计量验收管理的要求；计量验收人员的责任和奖惩办法等。

第八十五条 各单位应当建立健全财务收支审批制度。主要内容包括：财务收支审批人员和审批权限；财务收支审批程序；财务收支审批人员的责任等。

第九十五条 本规范下列用语的含义：

国家统一的会计制度，是指国务院财政部门根据《中华人民共和国会计法》制定的关于会计核算、会计监督、会计机构和会计人员以及会计工作管理的制度。

单位负责人，是指单位法定代表人或者法律、法规规定代表单位行使职权的主要负责人。

会计主管人员，是指不设置会计机构、只在其他机构中设置会计岗位的单位行使会计机构负责人职权的人员。

### 附：填制会计凭证、登记会计账簿的具体要求

**一、填制原始凭证的具体要求**

（一）凡填有大写和小写金额的原始凭证，大写与小写金额必须相符。

（二）一式几联的原始凭证，应当注明各联的用途，只能以其中一联作为报销凭证。没有联次的原始凭证，以原件作为报销凭证。

一式几联的纸质发票和票据，必须用双面复写纸（发票和票据本身具备复写纸功能的除外）套写，并连续编号。发票、票据作废的，应当加盖"作废"戳记或者注明"作废"字样，并完整保存各联次，不得擅自销毁。

（三）购买实物形成存货、工程物资或者固定资产的原始凭证，必须有验收证明。支付款项的原始凭证，必须取得对方的收款收据或者汇款银行的凭证。

（四）发生销货退回的，必须有退货验收证明；已开具纸质发票的，应当收回原发票全部联次并注明"红冲"字样后开具红字发票，无法收回原发票全部联次的，应当取得对方有效证明后开具红字发票；已开具电子发票的，应当按照规定开具红字发票。

发生退款的，必须取得对方的收款收据或者汇款银行的凭证，不得以红字发票代替。

（五）职工公出借款凭据，必须附在记账凭证之后。收回借款时，应当另开收据或者取得汇款银行的凭证或者退还借据副本，不得退还原借款收据。

（六）经上级主管单位或行政主管部门批准的经济业务事项，应当将批准文件作为原始凭证附件。如果批准文件需要单独归档的，应当在凭证上注明批准单位（部门）名称、日期和文件字号。

（七）纸质原始凭证不得涂改、挖补。纸质原始凭证有错误的，应当由开出单位重开或者更正，更正处应当加盖开出单位的公章或者发票（收费、财务）专用章，或者法律、法规规定的其他签章；金额有错误的，应当由出具单位重开，不得在原始凭证上更正。

电子原始凭证有错误的，应当由开出单位重新开具正确的原始凭证。

## 二、填制记账凭证的具体要求

（一）填制记账凭证时，应当对记账凭证进行连续编号。一笔经济业务事项需要填制两张以上记账凭证的，可以采用分数编号法编号。

（二）记账凭证可以根据每一张原始凭证填制，或者根据若干张同类原始凭证汇总填制，也可以根据原始凭证汇总表填制。但不得将不同内容和类别的原始凭证汇总填制在一张记账凭证上。

（三）除结账记账凭证可以不附原始凭证外，其他记账凭证必须附有原始凭证。如果一张纸质原始凭证涉及几张纸质记账凭证，可以把纸质原始凭证附在一张主要的纸质记账凭证后面，并在其他纸质记账凭证上注明附有该原始凭证的记账凭证编号。

一张原始凭证所列支出需要几个单位共同负担的，应当将其他单位负担的部分，开给对方原始凭证分割单，并进行结算。原始凭证分割单必须具备原始凭证的基本要素：凭证名称、填制凭证日期、填制凭证单位名称或者填制人姓名、经办人的签名或者盖章、接受凭证单位名称、经济业务事项内容、数量、单价、金额和费用分摊情况等。

（四）如果在填制记账凭证时发生错误，应当重新填制。

已经登记入账的记账凭证，在当年内发现填写错误时，可以用红字填写一张与原内容相同的记账凭证，在摘要栏注明"注销某月某日某号凭证"字样，同时再用蓝字重新填制一张正确的记账凭证，注明"订正某月某日某号凭证"字样。如果会计科目没有错误，只是金额错误，也可以将正确数字与错误数字之间的差额，另编一张调整的记账凭证，调增金额用蓝字，调减金额用红字。发现以前年度记账凭证有错误的，应当用蓝字填制一张更正的记账凭证。

更正错误的记账凭证应附更正错误的说明，如有需要应附相关证明材料。

（五）纸质记账凭证填制完经济业务事项后，如有空行，应当自金额栏最后一笔金额数字下的空行处至合计数上的空行处划线注销。

三、会计凭证的书写要求

（一）填制会计凭证，字迹必须清晰、工整。阿拉伯数字应当一个一个地写，不得连笔写。阿拉伯金额数字前面应当书写货币币种符号或者货币名称简写和币种符号。币种符号与阿拉伯金额数字之间不得留有空白。凡阿拉伯数字前写有币种符号的，数字后面不再写货币单位。

（二）所有以元为单位（其他货币种类为货币基本单位，下同）的阿拉伯数字，除表示单价等情况外，一律填写到角分；无角分的，角位和分位可写"00"，或者符号"——"；有角无分的，分位应当写"0"，不得用符号"——"代替。

（三）汉字大写数字金额如零、壹、贰、叁、肆、伍、陆、柒、捌、玖、拾、佰、仟、万、亿等，一律用正楷或者行书体书写，不得用0、一、二、三、四、五、六、七、八、九、十等简化字代替，不得任意自造简化字。大写金额数字到元或者角为止的，在"元"或者"角"字之后应当写"整"字或者"正"字；大写金额数字有分的，分字后面不写"整"或者"正"字。

（四）大写金额数字前未印有货币名称的，应当加填货币名称，货币名称与金额数字之间不得留有空白。

（五）阿拉伯金额数字中间有"0"时，汉字大写金额要写"零"字；阿拉伯数字金额中间连续有几个"0"时，汉字大写金额中可以只写一个"零"字；阿拉伯金额数字元位是"0"，或者数字中间连续有几个"0"、元位也是"0"但角位不是"0"时，汉字大写金额可以只写一个"零"字，也可以不写"零"字。

四、会计凭证的装订要求

（一）纸质记账凭证应当连同所附的原始凭证或者原始凭证汇总表，折叠整齐，按期装订成册，并加具封面，注明单位名称、年度、月份和起讫日期、凭证种类、起讫号码，由装订人在装订线封签外签名或者盖章。

（二）对于数量过多的纸质原始凭证，可以单独装订保管，在封面上注明记账凭证日期、编号、种类，同时在记账凭证上注明"附件另订"和原始凭证名称及编号。

各种经济合同、存出保证金收据以及涉外文件等重要原始凭证，应当另编目录，单独登记保管，并在有关的记账凭证和原始凭证上相互注明日期和编号。

电子记账凭证涉及的纸质原始凭证，可以单独装订保管，在封面上注明记账凭证日期、编号、种类，同时在电子记账凭证上建立与纸质原始凭证的检索关系。

五、登记会计账簿的具体要求

（一）登记会计账簿时，应当将会计凭证日期、编号、业务内容摘要、金额和其他有关资料逐项记入账内，做到数字准确、摘要清楚、登记及时、字迹工整。

（二）登记完毕后，要在记账凭证上签名或者盖章，纸质记账凭证应注明已经登账的符号，表示已经记账。

（三）纸质账簿中书写的文字和数字上面要留有适当空格，不要写满格；一般应占格距的二分之一。

（四）登记纸质账簿要用不可擦写的蓝黑墨水或者碳素墨水书写，不得使用圆珠笔（银行的复写账簿除外）或者铅笔书写。

（五）下列情况，可以用红字记账：

1. 按照红字冲账的记账凭证，冲销错误记录；

2. 在不设借贷等栏的多栏式账页中，登记减少数；

3. 在三栏式账户的余额栏前，如未印明余额方向的，在余额栏内登记负数余额；

4. 根据国家统一的会计制度的规定应当用红字登记的其他会计记录。

（六）会计账簿按页次顺序连续登记，不得跳行、隔页。如果纸质会计账簿发生跳行、隔页，应当将空行、空页划线注销，或者注明"此行空白""此页空白"字样，并由记账人员和会计机构负责人（会计主管人员）盖章。

（七）凡需要结出余额的账户，结出余额后，应当在"借或贷"等栏内写明"借"或者"贷"等字样。没有余额的账户，应当在"借或贷"等栏内写"平"字，并在余额栏内用"θ"表示。

现金日记账和银行存款日记账必须逐日结出余额。

（八）纸质账簿的每一账页登记完毕结转下页时，应当结出本页合计数及余额，写在本页最后一行和下页第一行有关栏内，并在摘要栏内注明"过次页"和"承前页"字样；也可以将本页合计数及金额只写在下页第一行有关栏内，并在摘要栏内注明"承前页"字样。

对需要结计本月发生额的账户，结计"过次页"的本页合计数应当为自本月初起至本页末止的发生额合计数；对需要结计本年累计发生额的账户，结计"过次页"的本页合计数应当为自年初起至本页末止的累计数；对既不需要结计本月发生额也不需要结计本年累计发生额的账户，可以只将每页末的余额结转次页。

（九）纸质账簿记录发生错误，不准涂改、挖补、刮擦或者用药水消除字迹，不准重新抄写，必须按照下列方法进行更正：

登记纸质账簿时发生错误,应当将错误的文字或者数字划红线注销,但必须使原有字迹仍可辨认;然后在划线上方填写正确的文字或者数字,并由记账人员、会计机构负责人(会计主管人员)在更正处盖章。对于错误的数字,应当全部划红线更正,不得只更正其中的错误数字。对于文字错误,可只划去错误的部分。

由于记账凭证错误而使账簿记录发生错误,应当按更正的记账凭证登记账簿。

(十)按照规定定期结账。

结账前,必须将本期内所发生的各项经济业务事项全部登记入账。

结账时,应当结出每个账户的期末余额。需要结出当月发生额的,应当在摘要栏内注明"本月合计"字样,并在下面通栏划单红线。需要结出本年累计发生额的,应当在摘要栏内注明"本年累计"字样,并在下面通栏划单红线;12月末的"本年累计"就是全年累计发生额。全年累计发生额下面应当通栏划双红线。年度终了结账时,所有总账账户都应当结出全年发生额和年末余额。

年度终了,要把各账户的余额结转到下一会计年度,并在摘要栏注明"结转下年"字样;在下一会计年度新建有关会计账簿的第一行余额栏内填写上年结转的余额,并在摘要栏注明"上年结转"字样。

## 《中华人民共和国刑法》（2023年修正）节选

第一百六十一条 【违规披露、不披露重要信息罪】依法负有信息披露义务的公司、企业向股东和社会公众提供虚假的或者隐瞒重要事实的财务会计报告，或者对依法应当披露的其他重要信息不按照规定披露，严重损害股东或者其他人利益，或者有其他严重情节的，对其直接负责的主管人员和其他直接责任人员，处五年以下有期徒刑或者拘役，并处或者单处罚金；情节特别严重的，处五年以上十年以下有期徒刑，并处罚金。

前款规定的公司、企业的控股股东、实际控制人实施或者组织、指使实施前款行为的，或者隐瞒相关事项导致前款规定的情形发生的，依照前款的规定处罚。

犯前款罪的控股股东、实际控制人是单位的，对单位判处罚金，并对其直接负责的主管人员和其他直接责任人员，依照第一款的规定处罚。

第一百六十二条 【妨害清算罪】公司、企业进行清算时，隐匿财产，对资产负债表或者财产清单作虚伪记载或者在未清偿债务前分配公司、企业财产，严重损害债权人或者其他人利益的，对其直接负责的主管人员和其他直接责任人员，处五年以下有期徒刑或者拘役，并处或者单处二万元以上二十万元以下罚金。

第一百六十二条之一 【隐匿、故意销毁会计凭证、会计帐簿、财务会计报告罪】隐匿或者故意销毁依法应当保存的会计凭证、会计帐簿、财务会计报告，情节严重的，处五年以下有期徒刑或者拘役，并处或者单处二万元以上二十万元以下罚金。

单位犯前款罪的，对单位判处罚金，并对其直接负责的主管人员和其他直接责任人员，依照前款的规定处罚。

第一百六十二条之二【虚假破产罪】公司、企业通过隐匿财产、承担虚构的债务或者以其他方法转移、处分财产，实施虚假破产，严重损害债权人或者其他人利益的，对其直接负责的主管人员和其他直接责任人员，处五年以下有期徒刑或者拘役，并处或者单处二万元以上二十万元以下罚金。

第二百零五条之一【虚开发票罪】虚开本法第二百零五条规定以外的其他发票，情节严重的，处二年以下有期徒刑、拘役或者管制，并处罚金；情节特别严重的，处二年以上七年以下有期徒刑，并处罚金。

单位犯前款罪的，对单位判处罚金，并对其直接负责的主管人员和其他直接责任人员，依照前款的规定处罚。

第二百零六条【伪造、出售伪造的增值税专用发票罪】伪造或者出售伪造的增值税专用发票的，处三年以下有期徒刑、拘役或者管制，并处二万元以上二十万元以下罚金；数量较大或者有其他严重情节的，处三年以上十年以下有期徒刑，并处五万元以上五十万元以下罚金；数量巨大或者有其他特别严重情节的，处十年以上有期徒刑或者无期徒刑，并处五万元以上五十万元以下罚金或者没收财产。

单位犯本条规定之罪的，对单位判处罚金，并对其直接负责的主管人员和其他直接责任人员，处三年以下有期徒刑、拘役或者管制；数量较大或者有其他严重情节的，处三年以上十年以下有期徒刑；数量巨大或者有其他特别严重情节的，处十年以上有期徒刑或者无期徒刑。

第二百零九条【非法制造、出售非法制造的用于骗取出口退税、抵扣税款发票罪】伪造、擅自制造或者出售伪造、擅自制造的可以用于骗取出口退税、抵扣税款的其他发票的，处三年以下有期徒刑、拘役或者管制，并处二万元以上二十万元以下罚金；数量巨大的，处三年以上七年以下有期徒刑，并处五万元以上五十万元以下罚金；数量特别巨大的，处七年以上有期徒刑，并处五万元以上五十万元以下罚金或者没收财产。

【非法制造、出售非法制造的发票罪】伪造、擅自制造或者出售伪造、擅自制造的前款规定以外的其他发票的，处二年以下有期徒刑、拘役或者管制，并处或者单处一万元以上五万元以下罚金；情节严重的，处二年以上七年以下有期徒刑，并处五万元以上五十万元以下罚金。

【非法出售用于骗取出口退税、抵扣税款发票罪】非法出售可以用于骗取出口退税、抵扣税款的其他发票的，依照第一款的规定处罚。

【非法出售发票罪】非法出售第三款规定以外的其他发票的，依照第二款的规定处罚。

第二百一十条之一【持有伪造的发票罪】明知是伪造的发票而持有，数量较大的，处二年以下有期徒刑、拘役或者管制，并处罚金；数量巨大的，处二年以上七年以下有期徒刑，并处罚金。

单位犯前款罪的，对单位判处罚金，并对其直接负责的主管人员和其他直接责任人员，依照前款的规定处罚。

第二百二十九条 【提供虚假证明文件罪】承担资产评估、验资、验证、会计、审计、法律服务、保荐、安全评价、环境影响评价、环境监测等职责的中介组织的人员故意提供虚假证明文件，情节严重的，处五年以下有期徒刑或者拘役，并处罚金；有下列情形之一的，处五年以上十年以下有期徒刑，并处罚金：

（一）提供与证券发行相关的虚假的资产评估、会计、审计、法律服务、保荐等证明文件，情节特别严重的；

（二）提供与重大资产交易相关的虚假的资产评估、会计、审计等证明文件，情节特别严重的；

（三）在涉及公共安全的重大工程、项目中提供虚假的安全评价、环境影响评价等证明文件，致使公共财产、国家和人民利益遭受特别重大损失的。

有前款行为，同时索取他人财物或者非法收受他人财物构成犯罪的，依照处罚较重的规定定罪处罚。

【出具证明文件重大失实】第一款规定的人员，严重不负责任，出具的证明文件有重大失实，造成严重后果的，处三年以下有期徒刑或者拘役，并处或者单处罚金。

第二百三十一条 【单位扰乱市场秩序犯罪的处罚】单位犯本节第二百二十一条至第二百三十条规定之罪的，对单位判处罚金，并对其直接负责的主管人员和其他直接责任人员，依照本节各该条的规定处罚。

第二百五十五条 【打击报复会计、统计人员罪】公司、企业、事业单位、机关、团体的领导人，对依法履行职责、抵制违反会计法、统计法行为的会计、统计人员实行打击报复，情节恶劣的，处三年以下有期徒刑或者拘役。

第三百八十二条 【贪污罪】国家工作人员利用职务上的便利，侵吞、窃取、骗取或者以其他手段非法占有公共财物的，是贪污罪。

受国家机关、国有公司、企业、事业单位、人民团体委托管理、经营国有财产的人员，利用职务上的便利，侵吞、窃取、骗取或者以其他手段非法占有国有财物的，以贪污论。

与前两款所列人员勾结，伙同贪污的，以共犯论处。

第三百八十四条 【挪用公款罪】国家工作人员利用职务上的便利，挪用公款归个人使用，进行非法活动的，或者挪用公款数额较大、进行营利活动的，或者挪用公款数额较大、超过三个月未还的，是挪用公款罪，处五年以下有期徒刑或者拘役；情节严重的，处五年以上有期徒刑。挪用公款数额巨大不退还的，处十年以上有期徒刑或者无期徒刑。

挪用用于救灾、抢险、防汛、优抚、扶贫、移民、救济款物归个人使用的，从重处罚。

# 《中华人民共和国公司法》（2023年修订）节选

**第二条** 本法所称公司，是指依照本法在中华人民共和国境内设立的有限责任公司和股份有限公司。

**第十条** 公司的法定代表人按照公司章程的规定，由代表公司执行公司事务的董事或者经理担任。

担任法定代表人的董事或者经理辞任的，视为同时辞去法定代表人。

法定代表人辞任的，公司应当在法定代表人辞任之日起三十日内确定新的法定代表人。

**第二百五十四条** 有下列行为之一的，由县级以上人民政府财政部门依照《中华人民共和国会计法》等法律、行政法规的规定处罚：

（一）在法定的会计账簿以外另立会计账簿；

（二）提供存在虚假记载或者隐瞒重要事实的财务会计报告。

## 《中华人民共和国证券法》(2019年修订) 节选

第一百八十一条 发行人在其公告的证券发行文件中隐瞒重要事实或者编造重大虚假内容,尚未发行证券的,处以二百万元以上二千万元以下的罚款;已经发行证券的,处以非法所募资金金额百分之十以上一倍以下的罚款。对直接负责的主管人员和其他直接责任人员,处以一百万元以上一千万元以下的罚款。

发行人的控股股东、实际控制人组织、指使从事前款违法行为的,没收违法所得,并处以违法所得百分之十以上一倍以下的罚款;没有违法所得或者违法所得不足二千万元的,处以二百万元以上二千万元以下的罚款。对直接负责的主管人员和其他直接责任人员,处以一百万元以上一千万元以下的罚款。

第一百九十三条 违反本法第五十六条第一款、第三款的规定,编造、传播虚假信息或者误导性信息,扰乱证券市场的,没收违法所得,并处以违法所得一倍以上十倍以下的罚款;没有违法所得或者违法所得不足二十万元的,处以二十万元以上二百万元以下的罚款。

违反本法第五十六条第二款的规定,在证券交易活动中作出虚假陈述或者信息误导的,责令改正,处以二十万元以上二百万元以下的罚款;属于国家工作人员的,还应当依法给予处分。

传播媒介及其从事证券市场信息报道的工作人员违反本法第五十六条第三款的规定,从事与其工作职责发生利益冲突的证券买卖的,没收违法所得,并处以买卖证券等值以下的罚款。

第一百九十七条 信息披露义务人未按照本法规定报送有关报告或者履行信息披露义务的,责令改正,给予警告,并处以五十万元以上五百万元以下的罚款;对直接负责的主管人员和其他直接责任人员给予警告,并处以二十万元以上二百万元以下的罚款。发行人的控股股东、实际控制人组织、指使从事上述违法行为,或者隐瞒相关事项导致发生上述情形的,处以五十万元以上五百万元以下的罚款;对直接负责的主管人员和其他直接责任人员,处以二十万元以上二百万元以下的罚款。

信息披露义务人报送的报告或者披露的信息有虚假记载、误导性陈述或者重大遗漏的,责令改正,给予警告,并处以一百万元以上一千万元以下的罚款;对直接负责的主管人员和其他直接责任人员给予警告,并处以五十万元以上五百万元以下的罚款。发行人的控股股东、实际控制人组织、指使从事上述违法行为,或者隐瞒相关事项导致发生上述情形的,处以一百万元以上一千万元以下的罚款;对直接负责的主管人员和其他直接责任人员,处以五十万元以上五百万元以下的罚款。

## 《中华人民共和国注册会计师法》（2014年修正）节选

第三十九条　会计师事务所违反本法第二十条、第二十一条规定的，由省级以上人民政府财政部门给予警告，没收违法所得，可以并处违法所得一倍以上五倍以下的罚款；情节严重的，并可以由省级以上人民政府财政部门暂停其经营业务或者予以撤销。

注册会计师违反本法第二十条、第二十一条规定的，由省级以上人民政府财政部门给予警告；情节严重的，可以由省级以上人民政府财政部门暂停其执行业务或者吊销注册会计师证书。

会计师事务所、注册会计师违反本法第二十条、第二十一条的规定，故意出具虚假的审计报告、验资报告，构成犯罪的，依法追究刑事责任。

第四十条　对未经批准承办本法第十四条规定的注册会计师业务的单位，由省级以上人民政府财政部门责令其停止违法活动，没收违法所得，可以并处违法所得一倍以上五倍以下的罚款。

## 《中华人民共和国公职人员政务处分法》（2020年）节选

**第二条** 本法适用于监察机关对违法的公职人员给予政务处分的活动。

本法第二章、第三章适用于公职人员任免机关、单位对违法的公职人员给予处分。处分的程序、申诉等适用其他法律、行政法规、国务院部门规章和国家有关规定。

本法所称公职人员，是指《中华人民共和国监察法》第十五条规定的人员。

**第七条** 政务处分的种类为：

（一）警告；

（二）记过；

（三）记大过；

（四）降级；

（五）撤职；

（六）开除。

**第八条** 政务处分的期间为：

（一）警告，六个月；

（二）记过，十二个月；

（三）记大过，十八个月；

（四）降级、撤职，二十四个月。

政务处分决定自作出之日起生效，政务处分期自政务处分决定生效之日起计算。

## 《财政行政处罚听证实施办法》(财政部令第109号)节选

**第六条** 财政部门拟作出下列行政处罚决定的,应当告知当事人有要求听证的权利,当事人要求听证的,财政部门应当组织听证:

(一)吊销行政许可证件;

(二)暂停会计师事务所执业;

(三)责令资产评估机构停业;

(四)禁止供应商参加政府采购活动、禁止采购代理机构代理政府采购业务;

(五)责令会计人员不得从事会计工作;

(六)暂停注册会计师执行业务;

(七)责令资产评估专业人员停止从业;

(八)较大数额罚款;

(九)没收较大数额违法所得、没收较大价值非法财物;

(十)法律、法规和规章规定的其他事项。

财政部作出罚款、没收违法所得、没收非法财物等行政处罚的,"较大数额""较大价值"标准为对公民作出1万元以上的处罚,对法人或者其他组织作出10万元以上的处罚。

**第七条** 财政部门告知当事人有要求举行听证的权利,应当送达《财政行政处罚事项告知书》。《财政行政处罚事项告知书》应当载明行政处罚的内容及事实、理由、依据,当事人依法享有的权利等。

**第八条** 当事人要求听证的,可以在《财政行政处罚事项告知书》的送达回证上签署意见,也可以向财政部门书面提出。听证申请应当在收到《财政行政处罚事项告知书》之日起5日内提出,未在规定期限内提出的,财政部门视为放弃听证权利,并记录在案。

**第九条** 财政部门应当在收到当事人听证申请之日起30日内组织

听证，并在举行听证的7日前将《财政行政处罚听证通知书》送达听证参加人。《财政行政处罚听证通知书》应当载明听证的时间、地点，听证主持人、听证员、记录员的姓名，当事人的权利及其他有关事项。听证参加人应当在收到《财政行政处罚听证通知书》的3日内将送达回证发回财政部门。

## 《中华人民共和国行政复议法》（2023年修订）节选

**第二条** 公民、法人或者其他组织认为行政机关的行政行为侵犯其合法权益，向行政复议机关提出行政复议申请，行政复议机关办理行政复议案件，适用本法。

前款所称行政行为，包括法律、法规、规章授权的组织的行政行为。

**第十一条** 有下列情形之一的，公民、法人或者其他组织可以依照本法申请行政复议：

（一）对行政机关作出的行政处罚决定不服；

（二）对行政机关作出的行政强制措施、行政强制执行决定不服；

（三）申请行政许可，行政机关拒绝或者在法定期限内不予答复，或者对行政机关作出的有关行政许可的其他决定不服；

（四）对行政机关作出的确认自然资源的所有权或者使用权的决定不服；

（五）对行政机关作出的征收征用决定及其补偿决定不服；

（六）对行政机关作出的赔偿决定或者不予赔偿决定不服；

（七）对行政机关作出的不予受理工伤认定申请的决定或者工伤认定结论不服；

（八）认为行政机关侵犯其经营自主权或者农村土地承包经营权、农村土地经营权；

（九）认为行政机关滥用行政权力排除或者限制竞争；

（十）认为行政机关违法集资、摊派费用或者违法要求履行其他义务；

（十一）申请行政机关履行保护人身权利、财产权利、受教育权利等合法权益的法定职责，行政机关拒绝履行、未依法履行或者不予答复；

（十二）申请行政机关依法给付抚恤金、社会保险待遇或者最低生活保障等社会保障，行政机关没有依法给付；

（十三）认为行政机关不依法订立、不依法履行、未按照约定履行或者违法变更、解除政府特许经营协议、土地房屋征收补偿协议等行政协议；

（十四）认为行政机关在政府信息公开工作中侵犯其合法权益；

（十五）认为行政机关的其他行政行为侵犯其合法权益。

第二十条　公民、法人或者其他组织认为行政行为侵犯其合法权益的，可以自知道或者应当知道该行政行为之日起六十日内提出行政复议申请；但是法律规定的申请期限超过六十日的除外。

因不可抗力或者其他正当理由耽误法定申请期限的，申请期限自障碍消除之日起继续计算。

行政机关作出行政行为时，未告知公民、法人或者其他组织申请行政复议的权利、行政复议机关和申请期限的，申请期限自公民、法人或者其他组织知道或者应当知道申请行政复议的权利、行政复议机关和申请期限之日起计算，但是自知道或者应当知道行政行为内容之日起最长不得超过一年。

第四十二条　行政复议期间行政行为不停止执行；但是有下列情形之一的，应当停止执行：

（一）被申请人认为需要停止执行；

（二）行政复议机关认为需要停止执行；

（三）申请人、第三人申请停止执行，行政复议机关认为其要求合理，决定停止执行；

（四）法律、法规、规章规定停止执行的其他情形。

## 《中华人民共和国行政诉讼法》（2017年修正）节选

第四十四条 对属于人民法院受案范围的行政案件，公民、法人或者其他组织可以先向行政机关申请复议，对复议决定不服的，再向人民法院提起诉讼；也可以直接向人民法院提起诉讼。

法律、法规规定应当先向行政机关申请复议，对复议决定不服再向人民法院提起诉讼的，依照法律、法规的规定。

第四十五条 公民、法人或者其他组织不服复议决定的，可以在收到复议决定书之日起十五日内向人民法院提起诉讼。复议机关逾期不作决定的，申请人可以在复议期满之日起十五日内向人民法院提起诉讼。法律另有规定的除外。

第四十六条 公民、法人或者其他组织直接向人民法院提起诉讼的，应当自知道或者应当知道作出行政行为之日起六个月内提出。法律另有规定的除外。

第五十六条 诉讼期间，不停止行政行为的执行。但有下列情形之一的，裁定停止执行：

（一）被告认为需要停止执行的；

（二）原告或者利害关系人申请停止执行，人民法院认为该行政行为的执行会造成难以弥补的损失，并且停止执行不损害国家利益、社会公共利益的；

（三）人民法院认为该行政行为的执行会给国家利益、社会公共利益造成重大损害的；

（四）法律、法规规定停止执行的。

当事人对停止执行或者不停止执行的裁定不服的，可以申请复议一次。

# 《全国先进会计工作者评选表彰办法》
# (财会〔2007〕7号)节选

## 第一章 总 则

**第一条** 为了评选表彰在社会主义市场经济建设中做出突出业绩和重大贡献的先进会计工作者,树立当代会计工作者楷模,塑造会计行业良好形象,激励广大会计工作者崇尚诚信、依法理财、锐意创新、敬业奉献,根据《中华人民共和国会计法》及相关法律的规定,制定本办法。

**第二条** 财政部负责组织全国先进会计工作者的评选表彰工作,一般每3年组织1次。

未经财政部批准,其他部门和单位不得组织全国性会计工作者评选表彰活动。

**第三条** 财政部负责成立全国先进会计工作者评选表彰领导小组(以下简称领导小组),全面指导评选表彰工作,并负责评选表彰名额的确定和评选最终结果的审定。

领导小组下设办公室,负责落实领导小组的工作决议、组织专家评审委员会对推荐的候选人进行评审、承担评选表彰的组织实施、沟通协调等各项管理工作。

各地区、各部门应当设立相应领导机构和办事机构,负责本地区、本部门的评选表彰工作。

## 第二章 评选范围和条件

**第四条** 全国先进会计工作者评选范围包括:在国家机关、企业、事业单位、社会团体和其他经济组织中持有会计从业资格证书、从事会计工作的人员，以及从事会计事务管理、会计科研及教学、注册会计师业务的人员。

第五条 凡认真执行会计法律、法规，模范遵守职业道德，忠于职守、坚持原则、诚实守信、爱岗敬业、廉洁奉公，在会计工作中做出显著成绩，在社会上、行业内得到广泛认同，并具备下列条件之一的会计工作者，均可参加评选：

（一）在参与本单位重大经济事项预测、决策、控制、分析等方面卓有成效，为制定发展战略、加强经济管理、健全内部控制、提高经济效益做出重大贡献的；

（二）在加强财务会计管理和制度建设方面有创新、有突破，取得显著效果，或在省级以上（含省级）范围内推广应用的；

（三）长期工作在会计岗位第一线，爱岗敬业、任劳任怨，坚持原则、善于理财，并在认真执行会计基础工作规范，切实提高会计信息质量，充分发挥会计职能作用等方面业绩突出的；

（四）在杜绝经济犯罪，避免铺张浪费，保护国家和公共财产，保护投资者、债权人、社会公众合法利益，维护社会主义市场经济秩序和国家财经纪律等方面事迹突出的；

（五）在会计理论研究、教书育人方面卓有建树，取得重大科研成果，为构建我国会计理论和方法体系、发展会计教育事业做出突出贡献的；

（六）在办理注册会计师业务中执业谨慎、勤勉尽责，努力维护行业形象和声誉，并为行业改革与发展做出显著成绩的；

（七）除上述条件以外在会计工作中做出重大贡献的。

第六条 因执业活动违法、违纪受过行政处罚或刑事处罚，或因直接过失给本单位造成不利后果和不良影响的会计工作者，不得参加评选。

## 《会计档案管理办法》(2015年修订)节选

**第三条** 本办法所称会计档案是指单位在进行会计核算等过程中接收或形成的,记录和反映单位经济业务事项的,具有保存价值的文字、图表等各种形式的会计资料,包括通过计算机等电子设备形成、传输和存储的电子会计档案。

**第五条** 单位应当加强会计档案管理工作,建立和完善会计档案的收集、整理、保管、利用和鉴定销毁等管理制度,采取可靠的安全防护技术和措施,保证会计档案的真实、完整、可用、安全。

单位的档案机构或者档案工作人员所属机构(以下统称单位档案管理机构)负责管理本单位的会计档案。单位也可以委托具备档案管理条件的机构代为管理会计档案。

**第六条** 下列会计资料应当进行归档:

(一)会计凭证,包括原始凭证、记账凭证;

(二)会计账簿,包括总账、明细账、日记账、固定资产卡片及其他辅助性账簿;

(三)财务会计报告,包括月度、季度、半年度、年度财务会计报告;

(四)其他会计资料,包括银行存款余额调节表、银行对账单、纳税申报表、会计档案移交清册、会计档案保管清册、会计档案销毁清册、会计档案鉴定意见书及其他具有保存价值的会计资料。

**第七条** 单位可以利用计算机、网络通信等信息技术手段管理会计档案。

**第八条** 同时满足下列条件的,单位内部形成的属于归档范围的电子会计资料可仅以电子形式保存,形成电子会计档案:

(一)形成的电子会计资料来源真实有效,由计算机等电子设备形成和传输；

（二）使用的会计核算系统能够准确、完整、有效接收和读取电子会计资料，能够输出符合国家标准归档格式的会计凭证、会计账簿、财务会计报表等会计资料，设定了经办、审核、审批等必要的审签程序；

（三）使用的电子档案管理系统能够有效接收、管理、利用电子会计档案，符合电子档案的长期保管要求，并建立了电子会计档案与相关联的其他纸质会计档案的检索关系；

（四）采取有效措施，防止电子会计档案被篡改；

（五）建立电子会计档案备份制度，能够有效防范自然灾害、意外事故和人为破坏的影响；

（六）形成的电子会计资料不属于具有永久保存价值或者其他重要保存价值的会计档案。

第九条 满足本办法第八条规定条件，单位从外部接收的电子会计资料附有符合《中华人民共和国电子签名法》规定的电子签名的，可仅以电子形式归档保存，形成电子会计档案。

第十八条 经鉴定可以销毁的会计档案，应当按照以下程序销毁：

（一）单位档案管理机构编制会计档案销毁清册，列明拟销毁会计档案的名称、卷号、册数、起止年度、档案编号、应保管期限、已保管期限和销毁时间等内容。

（二）单位负责人、档案管理机构负责人、会计管理机构负责人、档案管理机构经办人、会计管理机构经办人在会计档案销毁清册上签署意见。

（三）单位档案管理机构负责组织会计档案销毁工作，并与会计管理机构共同派员监销。监销人在会计档案销毁前，应当按照会计档案销毁清册所列内容进行清点核对；在会计档案销毁后，应当在会计档案销毁清册上签名或盖章。

电子会计档案的销毁还应当符合国家有关电子档案的规定，并由单位档案管理机构、会计管理机构和信息系统管理机构共同派员监销。

## 《总会计师条例》(2011年修订) 节选

**第二条** 全民所有制大、中型企业设置总会计师;事业单位和业务主管部门根据需要,经批准可以设置总会计师。

总会计师的设置、职权、任免和奖惩,依照本条例的规定执行。

**第四条** 凡设置总会计师的单位,在单位行政领导成员中,不设与总会计师职权重叠的副职。

**第五条** 总会计师组织领导本单位的财务管理、成本管理、预算管理、会计核算和会计监督等方面的工作,参与本单位重要经济问题的分析和决策。

## 《会计信息化工作规范》(财会〔2024〕11号)节选

**第三条** 本规范所称会计信息化,是指单位利用现代信息技术手段和数字基础设施开展会计核算,以及利用现代信息技术手段和数字基础设施将会计核算与其他经营管理活动有机结合的过程。

本规范所称会计软件,是指单位使用的专门用于会计核算、财务管理的应用软件或者其功能模块。会计软件具有以下基本功能:

(一)为会计核算、财务管理直接采集数据;

(二)生成会计凭证、账簿、报表等会计资料;

(三)对会计资料进行存储、转换、输出、分析、利用。

本规范所称会计软件服务,是指会计软件服务商提供的通用会计软件开发、个性化需求开发、软件系统部署与维护、云服务功能使用订阅、用户使用培训及相关的数据分析等服务。

本规范所称会计信息系统,是指会计软件及其软硬件运行环境。

本规范所称电子会计凭证,是指以电子形式生成、传输并存储的各类会计凭证,包括电子原始凭证、电子记账凭证。

电子原始凭证可由单位内部生成,也可从外部接收。

**第四十五条** 县级以上地方各级人民政府财政部门采取现场检查、第三方评价等方式对单位开展会计信息化工作是否符合本规范、会计软件功能和服务规范要求的情况实施监督。对不符合要求的单位,由县级以上地方各级人民政府财政部门责令限期改正。限期不改的,县级以上地方各级人民政府财政部门应当依法予以处罚,并将有关情况通报同级相关部门。

**第四十六条** 财政部采取组织同行评议、第三方认证、向用户单位征求意见等方式对会计软件服务商提供会计软件和相关服务遵循会计软件功能和服务规范的情况进行检查。

省、自治区、直辖市人民政府财政部门发现会计软件和相关服务不符合会计软件功能和服务规范规定的，应当将有关情况报财政部。

任何单位和个人发现会计软件和相关服务不符合会计软件功能和服务规范要求的，可以向所在地省（自治区、直辖市）人民政府财政部门反映，有关省、自治区、直辖市人民政府财政部门应当根据反映情况开展调查，并按本条第二款规定处理。

**第四十七条** 会计软件服务商提供会计软件和相关服务不符合会计软件功能和服务规范要求的，财政部可以约谈该服务商主要负责人，责令限期改正。限期内未改正的，由财政部依法予以处罚，并将有关情况通报相关部门。

# 后　记

## 《中华人民共和国会计法》的修改背景

《中华人民共和国会计法》（以下简称会计法）是规范会计工作的基础性法律。自1985年发布实施以来，伴随改革开放深化，会计法历经1993年修正、1999年修订、2017年修正，从有法可依走向良法善治，始终与时代同步，与改革同频。新时代中国，对会计事业有着更高期待。高质量发展，对会计法治有着更高要求。面临新形势、新任务，为更有力有效维护市场经济秩序，促进经济社会发展，财政部启动了新一轮会计法修改工作。2024年6月28日，第十四届全国人大常委会第十次会议表决通过《关于修改〈中华人民共和国会计法〉的决定》，自2024年7月1日起施行。

此次修改会计法，坚持以习近平新时代中国特色社会主义思想特别是习近平法治思想为指导，深入贯彻落实党的二十大和二十届二中全会精神，保持现行基本制度不变，着力解决会计工作中的突出问题，完善会计制度，加强会计监督，加大对会计违法行为的处罚力度，为遏制财务造假等会计违法行为提供更加有力的法治保障。

## 关于本书

本书的主要特点是以案释法、百问百答、专业实用。一是按照"处罚力度较大、问题类型多样、覆盖区域广泛"的原则，在财政部门依据会计法作出的2 000余份行政处罚决定书中挑选了近50个典型案例，发挥以案释法、教育警示和社会舆论监督作用。二是采用本条来源、立法演变、规范意旨、修改依据等逻辑顺序对会计法条文逐条进行解释，并结合各单位和执法部门关心的问题，设置了百问百答，进行有针对性的答疑解惑。三是对会计法和国家统一的会计制度进行了逻辑勾稽和交叉索引，对执法人员在执法过程中需要注意的事项进行了提醒，对行政处罚当事人的维权方式进行了提示，突出本书的专业性、实用性。

本书的适用对象既包括会计法规范的国家机关、社会团体、公司、企业、事业单位和其他组织的相关人员，也包括会计法行政执法部门的相关人员，还包括高等院校相关专业的师生。

在写作过程中，时间仓促，认识有限，书内难免有挂一漏万之处，我们始终保持谦逊和开放的心态，愿意接受读者的批评和建议，将予以再版修订。通过与读者的互动，我们可以不断改进和完善，使其更加准确、全面和有价值。

## 致谢

本书在编写过程中得到了国务院财政部门和各地财政厅（局）的大力支持，在此向财政部天津监管局、天津市财政局、福建省财政厅、广西壮族自治区财政厅、重庆市财政局、贵州省财政厅、天津市会计学会、河北省会计学会、邯郸市财政局、保定市财政局、廊坊市财政局、衡水市财政局（排名不分先后）等表示感谢。感谢山东省注册会计师协会参与本书的编写工作。感谢中国财政经济出版社培训中心在技术平台保障和普法宣讲组织上的大力支持。

编者<br>2024年10月31日